GOTTESDIENST PRAXIS SERIE B

Arbeitshilfen für die Gestaltung von Gottesdiensten
zu Kasualien, Feiertagen, besonderen Anlässen
und Arbeitsbücher für die Gemeindepraxis

Herausgegeben von Erhard Domay

Gütersloher Verlagshaus

BEERDIGUNG

Trauerfeiern · Ansprachen · Liturgische Texte
und Formulare

Herausgegeben von Erhard Domay

Mit einer pastoralsoziologischen Einführung von Karl-Fritz Daiber

Gütersloher Verlagshaus

Die Deutsche Bibliothek – CIP-Einheitsaufnahme

Gottesdienstpraxis. – Gütersloh : Gütersloher Verl.-Haus.
Ser. B, Arbeitshilfen für die Gestaltung von Gottesdiensten zu
Kasualien, Feiertagen, besonderen Anlässen und
Arbeitsbücher für die Gemeindepraxis / hrsg. von
Erhard Domay.
NE: Domay, Erhard [Hrsg.]; Arbeitshilfen für die Gestaltung von
Gottesdiensten zu Kasualien, Feiertagen, besonderen Anlässen und
Arbeitsbücher für die Gemeindepraxis

Beerdigung : Trauerfeiern – Ansprachen – liturgische Texte und
Formulare / hrsg. von Erhard Domay. Mit einer
pastoralsoziologischen Einf. von Karl-Fritz Daiber. – 1996
ISBN 3-579-02981-9

ISBN 3-579-02981-9
© Gütersloher Verlagshaus, Gütersloh 1996
Das Werk einschließlich aller seiner Teile ist urheberrechtlich geschützt. Jede Verwertung außerhalb der engen Grenzen des Urheberrechtsgesetzes ist ohne Zustimmung des Verlages unzulässig und strafbar. Das gilt insbesondere für Vervielfältigungen, Übersetzungen, Mikroverfilmungen und die Einspeicherung und Verarbeitung in elektronischen Systemen.
Satz: Fotosetzerei Steggemann, Herford
Druck und Bindung: Ebner Ulm
Umschlagentwurf: Franz Wöllzenmüller, Oberhaching, unter Verwendung eines
Fotos von Hans Lachmann, Monheim
Gedruckt auf chlorfrei gebleichtem Werkdruckpapier
Printed in Germany

Inhalt

Pastoralsoziologische Einführung
»Mitgehen«
Karl-Fritz Daiber 10

Trauerfeiern

Eine untröstliche Seele
Suizid
Hannes Dietrich Kastner 21

Lebenserinnerungen
Tod im hohen Alter
Gottfried Brezger 26

Gott führt unser Leben zum guten Ende
Tod im frühen Alter nach Krankheit
Carola Krieg 29

Gottes Kraft in den Schwachen
Tod im hohen Alter nach langer Krankheit
Kurt-Eugen Melchior 31

Mein Gott ist dein Gott
Suizid einer jungen Frau
Helmut Marschall 34

»Wie eitel alles ist«
Suizid. Trauerfeier im unkirchlichen Kontext
Wolfgang Herrmann 38

»Schatten kommen auf mich zu«
AIDS-Tod
Andreas Zeuschner 44

Ansprachen

»Ich will dich behüten«. 1. Mose 28,15
Tod im hohen Alter
Wolfgang Alexander Kratz 49

Wir sehen nicht alles, was ist. 1. Samuel 16,7
Suizid eines Alkoholkranken
Wolfram Braselmann 51

Sicher leben. 2. Chronik 20,20
Tod im Alter nach schwerer Krankheit
Günter Kaltschnee 52

Eine Zukunft nach dem Tod. Psalm 23
Tod eines in der Kirche verwurzelten Mannes
Christian Kollath 54

Er steht zu mir, wie ich bin. Psalm 23
Tod eines behinderten Mannes
Samuel Wendel-Widmer 58

Erlöse uns, wenn die Nacht des Todes über uns kommt! Psalm 31,6
Tod im Alter
Volker Johannes Fey 59

Gast auf der Erde. Psalm 39,13b
Tod im mittleren Lebensalter
Hansjörg Haag 62

Wir dürfen Gott an unserer Trauer beteiligen. Psalm 55,23
Tod eines behinderten Mannes
Berthold W. Haerter 65

Hoffnung entdecken und dankbar werden. Psalm 62,6+7
Tod eines älteren Ehepaares
Frank Niemann 67

Gott nehme Conny an. Psalm 69 i. A.
Unfalltod eines Wohnungslosen
Heinz Behrends 70

So viel Gutes! Psalm 103,2
Tod eines kirchlich verwurzelten Mannes
Hans-Hermann Blettgen 71

Vergiß nicht ... Psalm 103,2–5
Tod im frühen Alter nach Krankheit
Wolfgang Gerlach 74

Unvergessen. Jesaja 43,1b
Tod im hohen Alter
Wolfhart Koeppen 78

Erfahrung von Gnade mitten im Hadern. Jesaja 54,10
Tod im hohen Alter
Sigrid Lunde 79

Ein junger Mensch mag nicht mehr leben. Jesaja 54,10
Suizid eines jungen Mannes
Ingrid Keßler-Woertel 81

Der neue Name. Jesaja 62,2 (mit Offenbarung 2,17)
Tod eines behinderten Mannes
Peter Godzik 83

»Das Bemühen der Menschen umeinander zählt«. Jeremia 29,11
Tod eines alkoholkranken Mannes
Klaus Eulenberger 85

Frieden für Michael. Haggai 2,9
Unfalltod eines jungen Mannes
Klaus Zillessen 87

Sich in Liebe erinnern. Matthäus 11,28
Plötzlicher Tod einer Frau in mittleren Jahren
Lutz Petersen 89

Ein erfülltes Leben. Matthäus 22,32
Tod im frühen Alter
Helmut Siegel 92

Sie tat uns gut. Lukas 10,20
Tod einer engagierten Mitarbeiterin
Elsbeth Zuleck 94

Hat der Tod nicht barmherzig gehandelt? Lukas 10,20
Tod eines Kindes
Martin Kriener 96

Ein Licht, in dem unsere Seele Ruhe findet. Johannes 8,12
Tod im hohen Alter
Detlev Knoche 97

Warum jetzt? Warum so? Johannes 14,6
Unfalltod einer jungen Frau
Klaus von Mering 99

Wer ist Gott? 1. Korinther 13,12
Tod im hohen Alter
Wolfgang Lipp 103

Ein Bild voller Rätsel. 1. Korinther 13,12
Tod eines jungen Mannes nach Unfall
Bernd Giehl 106

Wenn ich gestorben bin. 1. Korinther 15,54
Tod in mittleren Jahren nach Krankheit
Arno Schmitt 108

Das teure Wort Gottes. 2. Korinther 5,17
Tod im hohen Alter
Klaus Johanning 111

Der Weg zurück ins Leben. 1. Thessalonicher 4,13 f.
und 2. Könige 2,1 ff.
Tod im hohen Alter
Ulrike Heimann 114

Ich habe gekämpft. 2. Timotheus 4,7
Tod nach Krankheit im frühen Alter
Micaela Strunk-Rohrbeck 116

Uns alle muß dieser Tod verändern. 2. Petrus 3,13
Drogentod
Traugott Schächtele 118

Der Mensch wie ein Baum.
Plötzlicher Tod im hohen Alter
Claudia Rudolff 121

Liturgische Texte

Formulare
Für eine Bestattung ohne Angehörige und Trauerfeier
Kurt Dohm 125

Für eine Beerdigung ohne Leidtragende
Helmut Siegel 126

Für eine Urnenbeisetzung
Johannes Gerrit Funke 127

Für eine Beerdigung allgemein
Eckhard Herrmann 128

Liturgische Elemente für einen Abschiedsgottesdienst in der Kirche
Stefan Claaß 129

Zum Eingang
Carola Krieg, Eckhard Herrmann, Berthold W. Haerter, Arno Schmitt . 132

Am Grab
Arno Schmitt, Bernhard von Issendorff 134

Nachrufe
Dieter Schupp, Jürg Kleemann 136

Gebete
Ulrich Tietze, Sigrid Lunde, Wolfgang Lipp, Hans Jürgen Milchner, Heinz Rußmann, Arno Schmitt, Heinz-Dieter Knigge, Wolfgang Alexander Kratz, Berthold W. Haerter, Kurt-Eugen Melchior, Bernhard von Issendorff, Kurt Dohm 139

Aussegnung
Christian Kollath 149

Entlassung
Eckhard Herrmann, Ulrich Tietze, Hans Jürgen Milchner 149

Die Autorinnen und Autoren 152

Pastoralsoziologische Einführung

Karl-Fritz Daiber

»Mitgehen«

Die Aufgabe, gegenwärtige Beerdigungspraxis pastoralsoziologisch zu bedenken, weckt Erinnerungen. Auch die wissenschaftliche Reflexion, insbesondere wenn es sich um ein so angehendes Thema handelt, bleibt in Lebenszusammenhänge eingefügt, vom eigenen Erleben geprägt. Ich versuche, den Faden des hintergründig Gegenwärtigen aufzunehmen, mir darüber Rechenschaft abzulegen, was ich denn nun erinnere und was nicht. Wenn ich an die nahen und fernen Beerdigungen zurückdenke, spielen überraschenderweise Begräbnisansprachen eine geringe Rolle. Auch dann, wenn die Leute später sagten, der Pfarrer oder die Pfarrerin hätte gut gepredigt. Ich erinnere mich an einzelne Elemente im Vollzug des Begräbnisses, z. B. an die Lesung des 139. Psalms. Und die fast durchgehende Erinnerung gilt der Erfahrung gemeinsamen Gehens. In meiner fränkischen Gemeinde waren es zum Teil noch lange Trauerprozessionen: nachdenklich gemessenes Gehen, Geplauder auf dem Wege mit dem Nachbarn, ernsthaft, aber nicht auf den Tod allein bezogen, eher am Rande den Verstorbenen würdigend. So ähnlich war es bei dem Begräbnis meiner Frau, auf dem Weg von der Kirche zum Friedhof: Der Pfarrer ging neben mir. Wir redeten über Belangvolles und Belangarmes. Und neben uns die Enkelkinder, dieses und jenes dann auch fragend, Alltägliches in einer ganz und gar nicht alltäglichen Situation. Meine Gedanken gehen weit zurück. Das Begräbnis meiner Mutter hat gerade 50 Jahre zuvor stattgefunden. Und wieder spüre ich mich auf dem Weg zum Grab, die Großmutter an der Seite und der Pfarrer, der mitgeht. Vielleicht war ich damals auch von der Bedeutsamkeit des Talars beeindruckt, man weiß das nicht so genau.

Möglicherweise ist die Erfahrung des Mitgehens nicht nur eine Metapher. Sie hat wohl wirklich mit der Erfahrung von Nähe zu tun, menschlicher Nähe, mit der Erfahrung des Nicht-Alleinseins, des gemeinsamen Tuns, eben des gemeinsamen Gehens. Der Pfarrer ist für die nächsten Angehörigen ja der zunächst Gehende, dann sind es auch andere, die an das Grab mitgehen. Ist es verwunderlich, daß man sich für diesen letzten Gang einen vertrauten Menschen wünscht? Wo immer die Möglichkeit besteht, wird eine persönlich bekannte Pfarrerin oder ein bekannter Pfarrer gefragt. Der »Zuständige« sollte sich nicht beleidigt fühlen, sondern verstehen. Verstehen vor dem Hintergrund, daß es ja auch für ihn schwer ist, einem Menschen die Begräbnisrede zu halten, den man niemals vorher gesehen hat. Das aber gehört ja gerade zur Aufgabe von Pfarrerinnen und Pfarrern auch dazu, in einer derartigen Situation Begräbnisse zu halten, in einer Situation also, in

der sie faktisch den Rednern eines Beerdigungsinstitutes gleichgestellt sind, nicht bekannter und nicht unbekannter, professionelle Begleiter auf einem letzten Gang. Es ist nicht nur meine Formulierung, die etwas Beleidigendes an sich hat, sondern das Faktum. Eigentlich würde man es sich ja gerade als Pfarrer ganz anders wünschen, daß dies eben nicht vorkommt, nur unbekannter professioneller Begleiter zu sein.
Und doch, was würden Menschen tun, wenn sie diesen Begleiter nicht hätten? Es ist ja nicht leicht, angesichts des Todes zu reden, übrigens auch für die Redner nicht.
In einer großen Buchhandlung habe ich mich umgesehen. Ich habe Reden aus Anlaß von Begräbnissen gesucht, so etwas wie »Gottesdienstpraxis Serie B, säkular«. Fündig wurde ich nicht. Wohl in Sachen Trauung. Es gab eine ganze Reihe von Ratgeberbüchern, wie man eine Hochzeit gestalten könnte, auch wie man bei der Hochzeit reden könnte, welche Spiele man bei der Hochzeit machen sollte. Es gab auch Ratgeberliteratur für eine Taufe, für eine Feier zu Beginn eines neuen Lebens. Zum Thema Begräbnis fand ich nichts unmittelbar Brauchbares, sieht man von den allgemeinen Rhetorikbüchern einmal ab. Das einzige, was ich fand, war der Titel »Worte und Briefe der Anteilnahme« von Elisabeth Ruge und Michael Adam, aus dem Falken-Verlag in Niedernhausen, im Jahre 1993 erschienen. Immerhin war das etwas. Wer Trauernden zu schreiben hat, weiß, daß dies nicht weniger kompliziert ist als eine Ansprache bei einer Beerdigung. Von daher nicht ganz überraschend, daß die Ratgeberliteratur im Grunde versagt, einen hilflos zurückläßt. Natürlich soll ein Brief der Anteilnahme den Toten oder die Tote würdigen, das Erschrecken über den Tod ausdrücken, an die berufliche Leistung erinnern, an die Hobbies, an den Humor. Es ist erstaunlich, wenn man die »Worte und Briefe der Anteilnahme« studiert, wie viele humorvolle Menschen gestorben sind, wie viele weltzugewandte, glückliche, leistungsfähige, kameradschaftliche. Aber was soll man bei uns anderen sagen, den eher Langweiligen, Phantasielosen, den eher Stillen im Lande?
In meiner Buchhandlung habe ich die Sparte Ratgeber verlassen und mich dem Thema Esoterik und Religion zugewandt. Die Buchhandlung war gut sortiert. Vor Jahren noch hatte man Christliches dort vergeblich gesucht. Bücher wie die Herrnhuter Losungen wären unmöglich gewesen. Jetzt waren sie Teil des esoterisch-religiösen Sortiments. Man sieht, der postmoderne Pluralismus hat auch seine Chancen. Unter den Neuerscheinungen entdeckte ich ein Büchlein: Werner Sprenger, Todesgedichte zum Auswendig-leben, dies im Nie/Nie/Sagen-Verlag Konstanz. Das Büchlein hat mir gefallen. Ein Gedicht trägt die Überschrift: »Das letzte Wort«. Es lautet:
»Welches wird das letzte sein?
Eine Bitte?
Ein Schrei?
Ich wüßte es gerne
heute schon.«

Die Bibel sollte man aufschlagen. Da würde man genug über den Tod finden, Alttestamentliches und Neutestamentliches, nachdenklich Angehendes und Provozierendes, imaginär Unwirkliches und Beschreibungen der Realität. Wer mit der Bibel umgeht, hat am ehesten noch etwas zu sagen, auch angesichts des Todes.
Ist es so ganz verwunderlich, daß die Pfarrerinnen und Pfarrer nach wie vor diejenigen sind, die in der Regel Begräbnisse halten? Es gibt auch gute freie Redner, keine Frage. Aber wenn man einen Pfarrer wählt, weiß man, wo man dran ist. Das scheinen die Leute in der Regel auch zu ahnen. So ist trotz aller Austrittsneigung das kirchliche Begräbnis gefragt, nur in Ausnahmefällen wird von Kirchenmitgliedern der Dienst eines freien Redners erbeten. Hamburg hat hier eine ältere, abweichende Tradition. In Großstädten, wo der Kontakt zu den Ortspfarrern minimiert ist, kommt es eher als anderswo dazu, daß man dem Beerdigungsinstitut den Gesamtablauf der Bestattung anvertraut. Wenn Pfarrerinnen und Pfarrer darum gebeten werden, Trauernde auch dann zu begleiten, wenn einer, der oder eine, die aus der Kirche ausgetreten ist, begraben wird, ist dies nicht selten eine problematische Angelegenheit. Kirchliches Mitgliedschaftsrecht braucht indessen hier nicht diskutiert zu werden, wohl aber der Tatbestand, daß sich in solchem Ansinnen auch ein hohes Vertrauenspotential kundtut. Was kann schon angesichts des Todes laut werden? Ist das biblische Wort, das der Pfarrer oder die Pfarrerin auslegt, nicht das einzig mögliche? Es gibt nach wie vor in unserer Gesellschaft ein kulturelles Vertrauen zu dieser Tradition. Dies kann manchem wenig erscheinen. Doch was ist als wenig oder als viel zu bezeichnen angesichts des Todes? Vergessen wir nicht, in Ostdeutschland ist dies anders. Die Amtshandlungen erreichen dort in der Regel den Kreis der Kirchenmitglieder und dieser beträgt, wenn man Katholiken und Protestanten zusammennimmt, knapp 30% der Bevölkerung. Von daher ist es gang und gäbe, gewissermaßen normal, daß die Begräbnisfeiern nicht kirchlich sind. Soll man sich das auch für den Westen wünschen? Im Westen Deutschlands gibt es eine relativ hohe Anzahl von Kirchenmitgliedern, unter ihnen höchst unterschiedliche religiöse Lebensorientierungen, auch höchst indifferente. Doch muß die Beerdigungspraxis eigentlich die Einstellungen der Menschen spiegeln? Ist hier nicht gerade das fremde, das andere Wort der Tradition wichtig? Gelegentlich hat man den Eindruck, daß Trauernde geradezu darauf warten, daß ihnen etwas Altes neu gesagt wird, das sie sich selbst nicht sagen können. Damit ist nicht von einer missionarischen Gelegenheit gesprochen, eher davon, daß auch Menschen am Rande der Kirche auf das Wort der Kirche warten, auf das Wort der Bibel, das ihnen fremd ist und von dem sie doch etwas erwarten.
Das Wort der Bibel ergeht nicht nur in den Ansprachen der Predigerinnen und Prediger. Es ist eingebunden in die Begräbnisrituale, es hat dort unausgelegt seinen Platz, auch seinen Sitz im Leben. Angesichts der eigenen Beerdigungsreden hat man gelegentlich den Eindruck: Es wäre besser

gewesen, wenn ich nichts gesagt hätte. Nein, nicht nichts, sondern wenn ich das Wort der Bibel stehengelassen hätte, einfach so, wie es geschrieben steht. Diesen Eindruck haben wohl manchmal auch die Trauernden. Darum ist in der Erinnerung ein biblisches Wort oft wichtiger als die Ansprache.
Den Dienst von Pfarrerinnen und Pfarrern beim Begräbnis als »Mitgehen« zu beschreiben, verweist auf die Gesamtbedeutung des Beerdigungsrituals. Dieses hat in hohem Maße die Funktion der Darstellung des Lebens eines toten Menschen, von dem Abschied genommen werden muß. In diesem Zusammenhang sollte an die den Ansprachen vorausgehenden Trauerbesuche erinnert werden. Für Leute, die einen Menschen verloren haben, ist es gut, erzählen zu können, etwa die Geschichte des Abschieds in der Krankheit. In anderen Fällen mag es um das Leben eines Verstorbenen im ganzen gehen. Das Leben eines toten Menschen erzählen, es einem verstehenden anderen Menschen erzählen, dem Pfarrer es erzählen können, darin vollzieht sich schon Tröstung, jedenfalls in diesem Augenblick. Es mag auch Situationen geben, wo Angehörige gar nicht viel zu berichten haben. Vielleicht hilft die eine oder andere Frage, verloschene Erinnerung zurückzubringen. Das hieße würdig mit dem Toten oder der Toten umzugehen. Das Leben eines toten Menschen dann auch beim Begräbnis zu würdigen, hat mit Menschenverherrlichung nicht viel zu tun. In den letzten Jahrzehnten ist neuer Freiraum gewonnen worden gerade im Blick auf den Umgang mit dunklen Seiten eines abgeschlossenen Lebens. Was Angehörige suchen, ist der Respekt vor diesen Schwächen, nicht aber dies, daß sie idealisierend beschönigt werden. Es ist nicht immer gut, von Schwächen zu reden, auch von den dunklen Seiten braucht nicht immer gesprochen zu werden. Es geht aber immer um die Wahrhaftigkeit, um einen wahrhaftigen Umgang mit einem toten Menschen, er muß den Abschied prägen.
Indem das Begräbnis diesen Abschnitt gestaltet, tröstet es, nicht zuletzt auch dadurch, daß es ein gemeinsamer Akt ist, gelegentlich dadurch, daß es ein öffentlicher Akt ist. Noch einmal, oder überhaupt das erste Mal, kann ein Mensch gewürdigt werden. Für viele Menschen unserer Gesellschaft ist das Begräbnis der einzige Ort, wo ihres Lebens umfassend gedacht wird. Darum ist es so makaber, so inhuman, wenn die festliche Begehung des Todes unterlassen wird. Ob einer in einem Grab zur letzten Ruhe gebettet oder sein Leichnam verbrannt wird, ob man ihn in der See bestattet oder in einem anonymen Gräberfeld, ist sekundär. Wichtig ist, daß sein Tod Anlaß gibt, seines Lebens zu gedenken.
Ein Gedanke ist mir zu schnell in die Feder gesprungen: Ist es wirklich so unwichtig, wie ein Mensch bestattet wird? Ein Grab zu haben als Ort der Trauer und des Gedenkens an einen Toten, ist noch einmal etwas anderes als diesen Ort nicht zu besitzen. Der Gang zu unseren Gräbern gibt unserem Leben eine andere Dimension, die wir ohne sie nicht haben. Gelegentlich sollten Pfarrerinnen und Pfarrer auch ganz nichtprofessionell über

einen Friedhof gehen, sich anrühren lassen von den Gräbern und Gedenksteinen, von den Menschen, die da und dort sich zu schaffen machen, einander begegnen, miteinander auf einer Bank sitzen, über das Leben reden. Teilnehmende Beobachtung nennen das die Soziologen. Aber es braucht ja nicht soziologisch zu sein. Wichtig ist das Teilnehmen, das Bei-den-Menschen-Sein, von ihrem Umgang mit dem Tod und den Toten etwas wahrzunehmen.
In diesem Zusammenhang fällt mir ein Bedürfnis ein, das ich als trauernder Mensch erst entdeckt habe: Ich habe das Bedürfnis, für meine Toten zu beten. Als guter Protestant meine ich gelernt zu haben: Für Tote braucht man nicht zu beten, sie sind ja in Gottes Hand. Wer die Ganztodestheorie vertritt, wird sagen: Der Tod ist ein Ende, für Tote kann man gar nicht beten. Warum aber will ich für Tote beten, und zwar nicht nur beim Begräbnis, sondern darüber hinaus? Ich will für sie beten, weil ich mit ihnen verbunden bleibe. So wird das Gebet zum symbolischen Ausdruck meiner Erinnerung, meines Verbundenseins. Ich fühle mich aufgehoben, wenn in der katholischen Messe und ihrem Fürbittengebet die Gemeinde sich weitet, Tote und Lebendige umfaßt. Das kann einer persönlichen Stimmungslage entspringen, es könnte aber auch für andere Menschen gelten. Ob wir in der protestantischen Tradition nicht an dieser Stelle etwas umdenken müßten? Die Gestaltung des Totensonntags als *Toten*sonntag würde dann eine wichtige Funktion erhalten.
Meine bisherigen Überlegungen haben die Begräbnisansprache, um die es hier eigentlich gehen sollte, ziemlich ausgespart. Wichtig war mir zunächst, auf das Gesamtgeschehen Bestattung hinzuweisen. Vor diesem Hintergrund jetzt einige Überlegungen zu den Ansprachen.
Die Ansprachen, die ich zur Vorbereitung gelesen habe, sind nicht alle in diesem Band aufgenommen worden. Was ich im Blick auf veröffentlichte und nichtveröffentlichte sagen kann, ist zunächst dies: Die Arbeit von Pfarrerinnen und Pfarrer an der Beerdigungsansprache hat mir großen Respekt abgenötigt, auch Bewunderung. Ich habe bei mancher Ansprache mir eingestehen müssen, daß ich es nicht so gut hingekriegt hätte. Kunstwerke waren darunter. Jedenfalls ein ganz deutliches Bemühen darum, auf die Trauernden einzugehen, einen toten Menschen zu würdigen, seinem Leben in der Erinnerung und im Bedenken noch einmal Raum zu geben. Von daher sind diese Ansprachen völlig anders als diejenigen, die ich selber gehalten habe, in der Zeit, als ich Vikar und Gemeindepfarrer war, also etwa zwischen 1955 und 1970. Ob wir Barth anhingen oder gegen ihn waren, dies war doch ein allgemein anerkannter Grundsatz: In der Beerdigungsansprache soll das Wort Gottes ausgelegt werden, nicht anders als in jeder Predigt auch. Wie das Leben oder speziell der Lebenslauf eines Verstorbenen zur Geltung kommen sollte, zur Sprache gebracht werden durfte, war strittig. Ich selbst habe auf einen Lebenslauf nie verzichtet, einen Lebenslauf an den objektiven Fakten orientiert. Dann habe ich das biblische Wort ausge-

legt, kasusentsprechend, aber doch als deutliche exegetische Arbeit. Gegenüber meiner eigenen Praxis kann ich nur begrüßen, daß der tote Mensch, der zu Grabe getragen wird, in den Begräbnisansprachen wieder ein viel größeres Gewicht gewonnen hat. Aber nicht nur er oder sie, sondern genauso die Trauernden. Pfarrerinnen und Pfarrer gehen auf den Fall ein oder genauer gesagt, sie gehen auf die Menschen ein, Pathos vermeidend, nicht schönredend, der Wahrheit verpflichtet. Im allgemeinen ist das so.
Drei Gefährdungen dieser Praxis sind mir aufgefallen. Es handelt sich um Gefährdungen, die in meiner eigenen Praxis ebenfalls aufgetreten sind.
Erste Gefährdung: Gelegentlich spielen Begegnungen mit der Pfarrerin oder dem Pfarrer eine ungewöhnlich große Rolle. Das ist verständlich. Das persönliche Wort wird gesucht und so gewinnen auch die persönlichen Begegnungen die größte Bedeutung. Daß dies im Lebensvollzug des verstorbenen Menschen doch nur etwas höchst Marginales war, tritt von daher gesehen eigentlich zu wenig heraus.
Zweite Gefährdung: Gelegentlich sind Begräbnisansprachen dadurch gekennzeichnet, daß sie in besonderem Maße den christlichen Bezug dieses abgeschlossenen Lebens thematisieren, ein Bibelwort, das wichtig geworden ist, kirchliche Stationen im einzelnen, das Leben in der Gemeinde. Das kann natürlich tatsächlich bedeutsam sein, und trotzdem tritt es im Gesamtvollzug des Lebens doch gegenüber dem Familialen, auch Beruflichen faktisch mehr zurück als die Überbetonung annehmen läßt.
Dritte Gefährdung: Die Individualisierung der Begräbnisansprache führt dazu, daß Individualität zu einem geheimen Maßstab wird, an dem ein menschliches Leben gemessen wird. Es ist unschwer zu entdecken, daß es sich hier um die gravierendste Gefährdung handelt. Weil sie im Hintergrund steht, kommt es zu einer spezifischen Auswahl des für die Veröffentlichung zur Verfügung Gestellten. Das Einzigartige dominiert, das Exzeptionelle, der exzeptionelle Mensch und dann natürlich auch der exzeptionelle Tod. Individuelle Unverwechselbarkeit wird zum Maßstab der Bedeutung, bzw. der Qualität der Ansprache, und zwar gerade aus der Sicht derer, die diese Ansprachen gehalten haben. Ich habe mich gefragt, was ich wohl eingesandt hätte, wenn ich einen Brief von Erhard Domay erhalten hätte, ich möchte eine Beerdigungsansprache zur Verfügung stellen. Ich bin mir ziemlich sicher, ich hätte ihm die Ansprache vom Begräbnis eines plötzlich zu Tode gekommenen zweijährigen kleinen Mädchens geschickt. Es hätte sich in diesem Fall um einen exzeptionellen Tod gehandelt, der von den Angehörigen nur schwer bewältigt werden konnte, und der deshalb vom Pfarrer auch eine besondere Hingabe an die Aufgabe verlangte. Individualisierung meint in diesem Zusammenhang also die Heraushebung der exzeptionellen Persönlichkeit oder aber des exzeptionellen Todes, der die Trauernden als einzelne in hohem Maße fordert und ebenso die Pfarrerin oder den Pfarrer, der bzw. die das Begräbnis zu halten hat.

Die Mehrzahl der tatsächlich zu haltenden Begräbnisansprachen entspricht diesen Kriterien wohl nicht: Pfarrerinnen und Pfarrer gestalten Begräbnisansprachen für Menschen, die sie nicht kennen, von denen Angehörige oft wenig berichten können, die ihr Leben lang farblos geblieben sind, jedenfalls dem Augenschein nach, nicht bedeutend, weder in ihrem Tod, noch in ihrem Leben. Was kann aus Anlaß ihres Todes am Grab gesagt werden? Für die Pfarrerin oder den Pfarrer fehlt die Herausforderung. Bedeutet das eine stille Kränkung? Es ist wie bei Hausbesuchen. Sie sind oft deshalb so unbeliebt, weil nichts Geistliches, nichts Seelsorgerliches, nichts psychologisch Bedeutsames geschieht, weil sie Elemente einer normalen Alltagskommunikation sind, weil Pfarrerinnen und Pfarrer in den Gesprächen so blaß bleiben wie ihre Partner. Genau das wollen wir ja nicht. Ein Besuch soll uns fordern, und eine Ansprache aus Anlaß eines Todes soll uns Gelegenheit geben, uns selbst einzubringen. Dies alles ist ganz verständlich. Nur: Wie gehen wir mit den durchschnittlichen Fällen um, mit dem, was uns nicht stimuliert, mit den Angehörigen, die uns fremd bleiben und sich schwer öffnen? Gibt es das in der pfarramtlichen Praxis immer noch, daß ich eine »alte« Beerdigungsansprache hervorhole und sie noch einmal halte? Vielleicht sollten wir bei der nächsten Anfrage auch solche Beerdigungsansprachen zur Verfügung stellen, die wiederholbar sind, die man gelegentlich noch einmal halten kann. Es ist eine Überforderung, eine Selbstüberforderung, das Individuelle und damit auch das Einzigartige zum Maßstab alles anderen zu machen. Dieser Maßstab produziert ein Stück weit Unzufriedenheit mit Normalfällen, unter der Voraussetzung, daß es überhaupt solche gibt. Kurzum, von daher stellt sich mir die Frage: Wie gehen Pfarrerinnen und Pfarrer heute mit Begräbnissen um, die keine exzeptionellen Situationen darstellen und keine exzeptionellen Menschen betreffen? Erhalten hier nicht die schriftauslegenden Beerdigungsansprachen, jene Ansprachen, die unter Zugrundelegung eines Bibelwortes Erfahrungen von Tod und Leben deuten, und zwar unabhängig von einer je individuellen Situation, neu ihre Berechtigung? Ich frage mich auch, ob nicht der geradezu tabellarische Lebenslauf, der wenigstens auf diese Weise ein menschliches Leben, das abgeschlossen ist, noch einmal in aller Knappheit zur Anschauung bringt, sinnvoll sein kann. Ich versuche also, meine alte Praxis gegenüber neuen Tendenzen unter veränderten Bedingungen zur Geltung zu bringen, nicht als die eine Möglichkeit, aber als eine mögliche Möglichkeit, und zwar gerade als eine Möglichkeit, die sich in der Normalität der Fälle bewährt.

Damit komme ich auf die inhaltliche Dimension von Beerdigungsansprachen zu sprechen. Sie thematisieren zum Teil in vorzüglicher Weise Leben, vergangenes Leben, abgeschlossenes Leben. Sie thematisieren den Abschied, die Trauer. Sie thematisieren, dies eher spärlich, Deutungen des Todes. Sie thematisieren wiederum eher spärlich die Auferstehung von den Toten und das ewige Leben. Möglicherweise kommt dies in den Gebeten stärker vor. Trotzdem bleibt das Faktum bestehen, daß Begräbnisansprachen von heute im Blick auf das Verstehen des Todes als eines kollektiven Menschheitsgeschicks eher arm sind. Fehlt uns die Sprache, das persönliche Überzeugtsein? Bestimmt uns die eigene Unsicherheit im Umgang mit den biblischen Symbolen? Wollen wir uns nicht festlegen, eher die Deutung offenhalten, auch für uns selbst? Ich verwende das »wir« bewußt. Die Fragen gelten den heutigen Predigern, aber nicht vom Katheder herab, sondern in der Solidarität. Es handelt sich um die Frage an mich: Was glaube ich angesichts des Todes, und was ist nach dem Tod?

Begräbnisse sind im allgemeinen keine »Familiengottesdienste« im Sinne der kirchlichen Alltagssprache. Gelegentlich können sie das auch sein, im allgemeinen aber nicht. Ob Kinder zu Begräbnissen mitgenommen werden, ist eine offene Frage, wird nicht einmal in Familien einheitlich entschieden. Und wenn Kinder bei Begräbnissen dabei sind, spielen sie ihre Rolle wie kleine Erwachsene. Vor dem Begräbnis aber und danach, da stellen sie ihre Fragen: Wo ist sie denn nun, die Großmutter, und wo ist der Großvater jetzt, und wo ist der Vater oder die Mutter oder der Bruder, wo sind sie? Die Eltern haben dann Antwort zu geben. Sie müssen dann Sprache finden angesichts des Todes. Sind die Toten nun bei Gott, sind sie im Himmel?

Und wenn es nur die Kinder wären, die so fragen. Oft sind es in dieser aufgeklärten Zeit genauso die Erwachsenen: »Wenn ich nur wüßte, ob es ihm gut geht, jetzt nach dem Tod!« »Da ist ein Schamane. Er ermöglicht die Kontaktaufnahme mit Verstorbenen. Soll ich es tun?«

Es ist ganz klar, die Begräbnisansprache wäre völlig überfordert, wenn sie auf derartige Situationen eingehen würde. Derartige Fragen stellen sich im Augenblick der Vorbereitung der Beerdigung für die Angehörigen oft gar nicht, sie tauchen im Laufe des Trauerprozesses auf. Die Kinder fragen als erste. Von daher stellt sich sehr wohl die Frage, ob nicht Symbole angeboten werden müssen, die das Jenseits des Todes zur Sprache bringen, deutlicher, als es im allgemeinen heute in Beerdigungsansprachen geschieht. Aber auch dies sollte eine Rolle spielen, daß der Tod als kollektives Menschheitsgeschick zur Sprache kommt. Die Individualisierung des Todes als eines je individuellen Sterbens in Ehren. Aber der Tod verbindet uns auch, und dies über alle Kulturen hinweg. Wenn dies in den Ansprachen nicht vorkommt, dann in den Liturgien, wenigstens dort. Gelegentlich sollte es aber auch in Ansprachen, in eigenen Worten thematisiert, die Sprache der Bibel darin zugleich aufnehmend, Platz finden.

Eine letzte, noch einmal ganz andere Beobachtung: Begräbnisse zu halten und Begräbnisansprachen zu formulieren, gehört zum professionellen Handeln des Pfarrers und der Pfarrerin. Die Kontakte, die aus Anlaß von Begräbnissen geknüpft werden, sind jedenfalls für einen größeren Teil der Fälle professionell begrenzte Kontakte. Menschen wenden sich über den Bestattungsunternehmer an den Pfarrer, er oder sie hält das Begräbnis. Im

Gemeindegottesdienst wird der Fall abgekündigt und in den Kirchenbüchern registriert. Die Trauernden interessieren dann nicht mehr, erwarten ihrerseits zum Teil auch kein weiteres Interesse. Es ist so ähnlich wie beim behandelnden Arzt: wenn der Tod sein Werk getan hat, kann die Beziehung abgebrochen werden, auch zu den Angehörigen. Entsprechendes gilt für die Krankenschwestern. Selbst wenn sie sich noch so sehr bemüht haben, wenn das Verhältnis noch so persönlich war, zum Kranken und seinen Angehörigen gleichermaßen, es bricht ab, wenn die professionelle Aufgabe erledigt ist. Trotz aller Einsicht in die Situation fällt es Angehörigen manchmal nicht leicht, diesen Abbruch zu akzeptieren und zu wissen, daß die professionell Handelnden diese Grenze ihrer Zuwendung nötig haben. Dies entbindet allerdings nicht von der Frage, ob das Handeln der Pfarrerin oder des Pfarrers gerade als professionelles Handeln mit dem Begräbnis zuende sein kann. Oder anders gefragt, ob die pastorale Begleitung nicht gerade dies fordert, daß der Kontakt über das Begräbnis hinaus weitergeführt wird, etwa in der Gestalt eines Hausbesuches nach dem Begräbnis, in der Gestalt eines gemeinsamen Gedenkgottesdienstes für die Toten des Jahres. Ich plädiere zumindest für eine ritualisierte Trauerbegleitung. Die Sitte der Trauerkleidung haben wir längst hinter uns gelassen. Man erkennt keinen als Trauernden. Man weiß höchstens davon oder weiß es auch nicht. Gerade deshalb ist es wichtig, daß irgendwo irgendwer die Aufgabe hat, den Trauerprozeß präsent zu halten oder sogar zu begleiten. Großstädtische Bestattungsinstitute haben längst die Wichtigkeit dieser Aufgabe erkannt. Ihre Wahrnehmung könnte man als Christenpflicht beschreiben. Pastoralsoziologisch gesehen will ich mich damit begnügen, von notwendiger Professionalität zu sprechen.

Trauerfeiern

Eine untröstliche Seele

Hannes Dietrich Kastner

Zur Situation
Der Verstorbene, Jahrgang 1939, katholischer Christ, spielte in seinem Stadtteil eine bedeutende Rolle als Initiator von Lokalfesten, als Vorsitzender eines großen Männergesangvereins usw. Nach außen hin wirkte er immer als starke Persönlichkeit. In den letzten Monaten geriet er zunehmend in eine Persönlichkeitskrise, weil ihm Aufgaben, auch im beruflichen Bereich, über den Kopf zu wachsen drohten. Er fand nicht den Mut, mit anderen über seine Not zu sprechen und nahm sich schließlich das Leben. Da er häufiger Kontakt mit dem Pfarrer der evangelischen Kirchengemeinde hatte, bat die evangelische Ehefrau darum, daß er vom evangelischen Pfarrer bestattet würde.

Musik: Melodie EG 450

Begrüßung und Votum
So viele Rätsel ...
so viele Fragen ...
ein großes Erschrecken ...
Tränen und Schmerz ...
und niemand unter uns Menschen, der etwas Kluges zu sagen weiß, etwas Kluges, was deutend erklärt und tröstet und trägt ...
Darum sage ich am Sarg dieses Menschen jetzt Worte, die auf uns überkommen sind:
Unsere Hilfe steht im Namen Gottes,
der Himmel und Erde erschaffen hat;
er steht zu seinem Bund
und gibt nicht auf, was er einmal
ins Sein berufen hat.
Berührt von diesem Vertrauen – feiern wir jetzt einen letzten Gottesdienst mit N. N. im Namen des Vaters und des Sohnes und des Heiligen Geistes. Amen.

Gebet
Gott, Ewiger:
Wie sollten wir vor dir unsere Tränen verbergen, unsere Trauer um diesen Menschen, den wir geliebt und geachtet haben!
Wie sollten wir vor dir unser Erschrecken verbergen, unser Erschrecken darüber, daß ein nach außen hin so stark erscheinender Mensch sich aufgibt!
Gott,
wie könnten wir unseren Dank verschweigen,

den Dank für diesen Menschen,
der uns so viel bedeutet hat!
Trauer – Erschrecken – und Dank –
Gott, es ist schwer, die eigenen Gedanken und Gefühle zu ordnen. So bitten wir dich: Gib uns Ruhe von deiner Ruhe und Nähe von deiner Nähe, dazu auch Geist von deinem guten Geist. Amen.

Gemeindelied: EG 528, 1–5 + 8

Psalm 77
Ich rufe zu Gott und schreie um Hilfe ...
In der Zeit meiner Not suche ich den Herrn;
meine Hand ist des Nachts ausgestreckt –
und läßt nicht ab;
denn meine Seele will sich nicht trösten lassen.
Ich denke an Gott – und bin betrübt;
ich sinne nach – und mein Herz ist in Ängsten.
Meine Augen hältst du, daß sie wachen müssen;
ich bin so voll Unruhe, daß ich nicht reden kann.
Ich gedenke der alten Jahre,
der vergangenen Jahre.
Ich denke und sinne des Nachts und rede
mit meinem Herzen,
mein Geist muß forschen.
Wird Gott denn keine Gnade mehr erweisen?
Ist's denn ganz und gar aus mit seiner Güte?
Hat Gott denn vergessen, gnädig zu sein? Amen.

Ansprache
Text: Psalm 77,1–11 und Psalm 139 in Auswahl

Liebe Familie N. N., liebe Freunde und Nachbarn, liebe Gemeinde!
Nein – gegen solche Abschiede lehnen wir uns innerlich auf!
Solche Abschiede wollen wir nicht!
Doch jetzt gibt es kein Ausweichen.
N. N. hat uns in dieses Abschiednehmen hineingezwungen.
Warum er das tat? So fragen wir getroffen, verstört.
Doch warum fragen wir?
Fragen wir, weil wir den Toten im Nachhinein wirklich verstehen wollen?
Oder – fragen wir, obwohl wir ihn eigentlich nicht verstehen mögen, also vorwurfsvoll? »Wie konntest Du uns das nur antun?«
N. N. hatte Kummer.
Auch wenn wir vielleicht meistens einen anderen Eindruck von ihm hatten – auch wenn wir ihn fast immer als strahlende-starke Persönlichkeit erlebten – solche Eindrücke können täuschen.

N. N. hatte Kummer.
Zunehmend – während der zurückliegenden Monate, Tage und Stunden –
sah er riesige Berge vor sich,
Aufgaben, die ihm zu groß vorkamen und Hindernisse, die ihn verzagt machten.
Das aber mochte er sich nicht gestatten – Schwäche.
Das konnte er sich nicht verzeihen, daß er an Grenzen stieß.
Und was die Sache besonders tragisch macht:
Er fand nicht das Herz, offen mit anderen Menschen über diese Not zu sprechen. Er schämte sich.
Die Rolle, in die er sich eingelebt hatte, die Rolle des Starken, ließ ihm keine andere Wahl. So schwieg er – auch, als seine Nächsten in baten: »Vater, rede doch!« Er konnte nicht sprechen. Er, der Helfer, er konnte sich nicht helfen lassen. So geriet er mehr und mehr in die Enge.
In der Rückschau geht denen, die ihm nahestanden, auf, wie N. N. schließlich – in die Enge getrieben – den Ausweg suchte und plante ...; in der Rückschau.
Wie weh das tut, was wir Menschen einander an Rätsel aufgeben können ...
Schließlich der Abschied am vergangenen Freitag – morgens –
ein Abschied, der in seiner Endgültigkeit für Sie nicht eindeutig erkennbar war. Nicht wahr, wie schwer es sich Menschen bisweilen machen.
Und wie weh tut es, wenn wir den gefährdeten Menschen mit unseren Worten nicht erreichen können, wenn wir ihn nicht aufhalten können ...
Seine Überzeugung war, daß er sein Lebensrecht verwirkt habe ...
er, seit 35 Jahren verheiratet; der Vater, der Großvater, der Freund und Nachbar, der Mitarbeiter (seit 40 Jahren), er, der Sänger und Vorsitzende des Männergesangvereines, der ihm so viel bedeutete ...
Ja, wir haben Mühe, den Weg dieses Menschen nachzuvollziehen ... Doch ganz sicher ahnen wir, wie sehr sich N. N. bei der Vorbereitung seines Ausweges innerlich gequält haben muß.
Ich rufe zu Gott und schreie um Hilfe ...
heißt es im Psalmgebet Israels. Manchmal sind wir nur noch Schrei; bisweilen jedoch nur ein stummer Schrei.
Meine Hand ist des Nachts ausgestreckt ...
heißt es in Israels Klage. Das ist die Geste, die den stummen Schrei begleitet.
Meine Seele will sich nicht trösten lassen ...
lesen wir. Wie erfahren und kundig Israel ist, wie genau es den Kummer der kranken Seele beschreibt, lange bevor es überhaupt des Wort »Psychologie« gibt. Eine untröstliche Seele; das ist es, was den ganzen Menschen verstimmt und sein Gemüt niederdrückt.
Ich bin betrübt ...
ich sinne nach ...
mein Herz ist in Ängsten ...

meine Augen - wach -
ich kann nicht schlafen ...
voll Unruhe bin ich -
und kann nicht reden.
Wie in einem Spiegel kann sich der Depressive in diesen Zeilen erkennen ... Aber - wohin führt ihn diese Erkenntnis?
Wohin treibt es mich, wenn ich lediglich erfahre, daß ich in eine Schlucht geraten bin?
Der Grübler hat nicht die Kraft, sich selber zu befreien.
Genau das ist ja die Tücke des Grübelns, daß es mich immer mehr gefangen nimmt, mich in Teufelskreise zieht.
Ein Segen, wenn sich in ein solches Grübeln noch wenigstens Erwägungen und Fragen einschleichen können.
Ein Segen, wenn da wenigstens noch ein Spalt offen bleibt, wo so etwas wie Licht eindringen kann - eine Überlegung, die noch nicht ganz von dem dunkel gestimmten Grübler eingefärbt wurde.
Hat Gott vergessen, gnädig zu sein?
Niemand unter uns, liebe Gemeinde, weiß, ob N. N. am vergangenen Freitag noch eine solche Frage gekommen ist.
Es gibt von ihm keine schriftlichen Zeugnisse aus den letzten Tagen.
Nur - den stummen Schrei - nur sein Schweigen -
verbunden mit kleinen Zeichen der Zuneigung zu seinen Nächsten.
Liebe Gemeinde,
wenn er nicht hat sprechen können, wenn er nur schweigend aus dem Leben fliehen konnte,
dann fällt uns das Mandat zu, daß wir im Namen Gottes bezeugen, was zu bezeugen ist - auch für den, der nur noch schweigen konnte.
Für dieses Zeugnis wähle ich abermals Worte aus dem Psalter - Psalm 139 - wo es einmal heißt:
Wohin soll ich fliehen vor deinem Angesicht, Gott?
Führe mich gen Himmel, so bist du da;
bettete ich mich bei den Toten, siehe, so bist du auch da.
Nähme ich Flügel der Morgenröte und bliebe am äußersten Meer,
so würde auch dort deine Hand, Gott, mich führen.
Spräche ich: Finsternis möge mich zudecken -
und Nacht statt Licht um mich sein -
so wäre auch Finsternis nicht finster bei dir -
und die Nacht leuchtet wie der Tag.
Wohin hat N. N. fliehen können?
Wohin?
In die Gottesferne - in ein Land des Vergessens?
Nein, hier täuscht sich die krankhaft verstimmte Seele. Und gegen ihre Täuschung an bezeugen wir am Sarg dieses Menschen, daß die Nacht, in die N. N. floh, in Wahrheit leuchtet wie der Tag -

und daß Gott niemanden unter uns von sich stößt, nur weil er sich seiner Schwäche schämt.
Das also bezeugen wir – unter Tränen:
daß selbst die Nacht leuchtet wie der Tag –
die Nacht des Toten –
und die Nacht der Trauernden.
Denn unser Gott versteht sich als ein Liebhaber des Lebens
und des neuen Tages.
Amen.

Gemeindelied: EG 475,3–4+6+8

Gebet
Gott, Ewiger:
Wir haben einen Menschen verloren, den wir liebhatten. Er ging in den Tod, und niemand von uns hat ihn aufhalten können.
Gott, das schmerzt uns sehr.
Wir bitten dich: Laß uns in unserer Trauer nicht allein. – Und wenn wir darüber nachsinnen und fragen, warum es so kam, dann, Gott, unterbrich unsere Gedankenreise durch dein Wort.
Hilf uns, heute nicht nur zu betrachten, was uns durch das Sterben dieses Menschen genommen wurde. Hilf uns auch wahrzunehmen, was du uns in den zurückliegenden Jahren durch diesen Menschen geschenkt hattest.
Gib uns, Gott, jetzt also auch die Kraft, dir Dank zu sagen für diesen unverwechselbaren Menschen, für den Ehepartner, für den fürsorglichen Vater, für den Sohn, für den Großvater, für den Freund, für den Mitsänger ...
Du, Gott, weißt, was N. N. im Leben wichtig war, was ihn beglückte – und was ihn belastete. Wir bitten dich:
Nimm ihn jetzt in deine guten Hände und birg ihn in deinem Frieden.
Uns alle aber schließe zusammen zu neuem Vertrauen und zu einer starken Hoffnung, damit wir uns dir anvertrauen – im Glück, in Freude, in Schwäche und im Kummer. Schenke uns vom Vertrauen Christi. Das wird uns wohltun. Amen.

Friedensgruß

Musik: EG 396

Lebenserinnerungen

Gottfried Brezger

Zur Situation
Die Verstorbene hatte eine starke Kirchenbindung.

Begrüßung vor der Feierhalle

Einzug mit Orgelvorspiel

Eröffnung
Wir sind zusammengekommen, um Abschied zu nehmen von N. N.
Wir beginnen diesen Gottesdienst im Namen Gottes, des Vaters und des Sohnes und des Heiligen Geistes.
Jesus Christus spricht: »In der Welt habt ihr Angst, aber seid getrost, ich habe die Welt überwunden«.

Gebet
frei oder nach Psalmen, z. B. 23, 90, 139 oder nach Augustin, Confessiones I, 1:
Groß bist du, Herr, und hoch zu preisen.
Groß ist deine Macht und deine Weisheit unermeßlich.
Preisen will dich der Mensch, ein geringer Teil deiner Schöpfung.
Preisen will ich dich unter der Last meiner Sterblichkeit,
unter der Last meiner Sünde.
Nichts habe ich von mir selbst,
alles ist Gabe von dir und wird erst mein, wenn ich es von dir empfange.
Und immerfort empfange ich mich aus deiner Hand.
Du hast uns zu dir geschaffen,
und unruhig ist unser Herz, bis es Ruhe findet in dir.
Ich will dich suchen, Herr.
Wer dich sucht, der wird dich finden.
Dann wirst du es sein, der in uns ruht,
und deine Ruhe in uns wird unsere Ruhe sein.
Gib uns Frieden, Herr, Frieden ohne Ende.
oder nach D. Bonhoeffer, Widerstand und Ergebung, Gebete für Mitgefangene, Weihnachten 1943
In mir ist es finster, aber bei dir ist Licht
ich bin einsam, aber du verläßt mich nicht
ich bin kleinmütig, aber bei dir ist die Hilfe
ich bin unruhig, aber bei dir ist der Friede
in mir ist Bitterkeit, aber bei dir ist die Geduld
ich verstehe deine Wege nicht, aber du weißt den rechten Weg für mich.
(Dietrich Bonhoeffer, Widerstand und Ergebung (KT 100), © Chr. Kaiser/Gütersloher Verlagshaus, Gütersloh, 15. Aufl. 1994)

Choral: EG 398 In dir ist Freude

Ansprache
Liebe Familie N. N., liebe Verwandte, Freunde und Bekannte
»Wer dir vertrauet, hat wohl gebauet...« - so haben wir im Liedvers gesungen. Worauf vertrauen *wir?* Vor diese Frage stellt uns der Tod eines Menschen, der uns nahe war. Und: Worauf hat dieser Mensch vertraut und gebaut? Da ist die große Familie, die ihr viel bedeutet hat. Stolz hat sie mir beim Besuch die Bilderwand von ihrem 90. Geburtstag gezeigt. Geistig aufnahmefähig bis in ihr hohes Alter hat sie teilgenommen am Leben in der Familie, auch mal nachgefragt, um dann wieder bei sich zu sein; überhaupt hat sie sich viel mit sich selber beschäftigt, doch hat sie auch viele Briefe geschrieben und bekommen.
Worauf hat sie vertraut und gebaut? Da waren ihre Lebenserinnerungen. Sie hat viel darin gelesen, immer wieder. Als sie dann selbst nicht mehr daraus lesen konnte, war sie beim Vorlesen noch innerlich beteiligt. Mich hat das sehr angerührt: Ihr Leben war ihr zum Buch geworden; mit den hellen Stellen, angefangen bei ihrer behüteten Kindheit in der großbürgerlichen Familie, aber auch mit den dunklen Seiten wie der Krankheit und dem frühen Tod ihres Mannes und ihrer Tochter. Sehr gefaßt traf ich sie nach deren Tod vor wenigen Monaten. Gemeinsam blätterten wir - wie zum Trost - in ihren Lebenserinnerungen.
Worauf hat sie vertraut und gebaut? Da war noch etwas Drittes:
Sie hat viel gebetet, nicht nur in den letzten Tagen. Mit gefalteten Händen ist sie gestorben. Wohl ein Zeichen für ihr Vertrauen in Gottes Hilfe.
Das Lied vom guten Hirten, der 23. Psalm hat zu ihr gepaßt. Auch als sie schon schwach im Krankenbett lag, hat sie ihn noch mitgesprochen.
Lesung des 23. Psalms
Nicht Idylle höre ich heraus, nicht Harmonie, eher Gegensätze: behütetes Leben zwar, aber auch die Erfahrung von Leid. »Der Herr ist mein Hirte« - ein Bild des Vertrauens, trotz alledem. Denn wo keine Gefahren, da sind auch keine Hirten nötig. Es ist gut, wenn wir Geborgenheit im Buch unseres Lebens finden können. Wir leben nicht nur von dem, was wir mit eigenen Worten ausdrücken, sondern auch von den Erfahrungen anderer, die uns zu inneren Bildern geworden sind: grüne Aue, frisches Wasser, rechte Straße, auf der wir uns nicht verlieren können.
Nun aber nimmt der Psalm eine überraschende Wende. Wir halten inne beim Lesen im Buch unseres Lebens; wir hören auf, *über* Gott zu reden und beginnen, *zu* ihm zu reden. Was ist der Anlaß? Daß wir durch Leiden und Tod hindurch müssen: »Und ob ich schon wanderte im finstern Tal (»Todschattenschlucht«, M. Buber, Preisungen), fürchte ich kein Unglück, *denn du bist bei mir*...«
»Du bist bei mir« - unsere Ängste des Verlassenseins und der Enttäuschungen verblassen angesichts dieser vier Vertrauensworte, in denen sich das

ganze Buch unseres Lebens verdichtet: »Du bist bei mir!« Es ist der alte Gottesname, wie der jüdische Glauben weiß: »Ich bin, der ich bin, der ich bei dir bin«. Um dieses Namens willen führt er uns »die rechte Straße«, die bei ihm beginnt und auch zum Ende kommt.
Als Christen hören wir den anderen großen *Namen* mit, des Begleiters und Fürbitters auf unserem Weg; der am Ende seines Wegs uns verheißt: »Siehe ich bin bei euch alle Tage bis an der Welt Ende!«

Gebet
Herr, wir stehen vor Dir, zusammengerufen durch den Tod von N.N.
Wir schauen zurück auf ihr/sein Leben und danken Dir für alles,
was Du ihr/ihm Gutes getan hast, und was sie/er andern Gutes tun konnte.
Laß sie/ihn in Deinem Frieden ruhen.
Herr, wir bitten Dich für die Trauernden,
daß sie Verständnis finden und das Leben wieder liebgewinnen können,
für die unter uns, die als nächste durch Sterben und Tod hindurch müssen,
für uns alle, die wir noch auf dem Wege sind:
Bleibe bei uns mit Deinem Segen!

Segen
Der Herr behüte Deinen Ausgang und Eingang
von nun an bis in Ewigkeit.

Choral; 503,14 Mach in mir deinem Geiste Raum

Liturgie am Grab

Wort am offenen Grab
Von Gott kommen wir – zu Gott gehen wir.
Gelobt sei unser Gott, der Herr über Leben und Tod.

Gebet und Bekenntnis
Herr, unser Gott,
wir danken Dir für das Leben von N.N.
und bitten Dich: Nimm ihr/sein Leben gnädig in Deine Hand.
Im Vertrauen auf Deine Güte übergeben wir ihren/seinen Leib getrost der Erde:
Erde zu Erde, Asche zu Asche, Staub zu Staub (dreimaliger Erdwurf)
Wir glauben, daß Jesus Christus den Tod überwunden hat
und uns vorausgegangen ist zu seinem und unserem Vater.

Vaterunser

Segen

Gang zurück vom Grab zusammen mit den Angehörigen.

Gott führt unser Leben zum guten Ende

Carola Krieg

Zur Situation
Mann im Ruhestand, nach 6 Monaten intensiver Pflege gestorben, familiäre Auseinandersetzungen in der Familie wegen Geschäftsübernahme, verschlossener Charakter, seine Witwe war sehr zurückhaltend gegenüber Angaben aus seiner Biographie.

Eingang
Seit der Nachricht vom Tode von Herrn N. N. sind viele von uns dabei, in sich hineinzuhören. Die Begegnung mit dem Tod läßt uns schweigen. Wir schweigen, weil wir uns nicht zu helfen wissen. In diesem Gottesdienst tragen wir unser Ungeordnetsein vor Gott, der Quelle allen Lebens. Wir sind hier zusammengekommen, weil wir zugeben, daß wir einander brauchen. Im Angesicht des Todes wird uns unser kostbares und zerbrechliches Leben vor Augen geführt.

Votum
Wir grüßen einander,
im Namen des Vaters,
der in der Finsternis Licht aufgehen läßt,
im Namen seines Sohnes,
der den Raum des Todes durchschritt,
und im Namen des Heiligen Geistes,
der unsere Sehnsucht nach Frieden stillt.

Aus dem jüdischen Gebetbuch, den Psalmen, aus denen wir Christen, Frauen und Männer, über Jahrhunderte Kraft und Lebensweisheit schöpfen, lese ich Verse aus dem *39. Psalm.*

Gebet
Friedenstiftender Gott,
ermutige uns, den ganzen Berg unserer Fragen vor Dir auszuschütten;
erinnere uns, wo wir in der Familie unseren eigenen Vorteil suchten;
begleite uns, wo uns unsere Gedanken wie Fesseln vorkommen;
gib uns den Mut, offen zu lassen, was uns in unserer Beziehung zu Herrn N. N. unklar bleibt;
gib uns ein gutes Gedächtnis, wenn wir das Leben des Verstorbenen vor unseren Augen vorbeiziehen lassen;
seine Heiterkeit und Entschlußkraft belebe unseren Alltag;
laß uns nicht vergessen, daß uns durch seinen Tod unser einmaliges Leben neu bewußt wird. Amen.

Ansprache
Liebe Frau N.N., liebe Familie N.N., liebe Trauernde,
»Wir rufen zu Gott, dem Allerhöchsten, zu Gott, der unser Leben zum guten Ende führt.« Diese Lebenserfahrung ist jahrtausendealt, die uns in dem 57. Psalm übermittelt wird.
Unser Leben zum guten Ende zu führen, ist ein Anliegen von uns allen. Es soll etwas Gutes in unserem Leben erreicht werden. Am Ende unseres Tuns, unserer Lebensbahn, wollen wir zurückblicken auf das, was uns zusammenhält, was uns durchgetragen hat die Jahre der Freude und des Leids.
N.N., der in seiner Familie aus der angestammten Tradition Fähigkeiten erlernte, für die er dankbar sein konnte, erlebte im 2. Weltkrieg und als seine erste Frau verstarb, Zeiten der Not, der Entbehrung und der Verzweiflung. In die wechselvollen Aufgaben seiner Berufstätigkeiten als Metzger, im Friseurladen und auf der Commerzbank hat er sich eingearbeitet. Sein Wille zum Aktivsein und seine Freude an der Arbeit waren Antriebskräfte, die ihn bis ins Alter motiviert haben.
Dieses Aktivsein teilte er mit Ihnen, liebe Frau N.N., die Sie ihm nicht nur bei der Arbeit zur Hand gingen, sondern auch die Zeiten der Erholung im Urlaub haben Sie so mitgestaltet, daß Ihr gemeinsames Zusammensein Kraft für den Lebensalltag freisetzte.
Sie haben als Ehefrau auf Ihre Weise dazu beigetragen, daß das Leben Ihres Mannes durch Wärme und Liebe bereichert wurde. Als 1978 die Parkinsonkrankheit ausbrach und Sie seitdem viele Krankenhausaufenthalte mit Ihrem Mann durchgestanden haben, haben Sie als Ehefrau alles daran gegeben, Ihr Leben, so weit es möglich war, ganz Ihrem Mann zu widmen. Die krankenpflegerische Betreuung, die Sie in N.N. erlernten, ermöglichte Ihrem Mann in der vertrauten Wohnung in der XY-Straße zu wohnen.
»Wir rufen zu Gott, dem Allerhöchsten, zu Gott, der unser Leben zum guten Ende führt.«
Ein Leben zum Ende führen, zum guten Ende führen, steht nicht in unserer Hand. Für Herrn N.N. kam der Tod gleichsam einer Erlösung gleich, einem guten Ende, weil sein Leiden übermenschlich geworden war. Mit viel Tapferkeit und Geduld hat der Verstorbene seinen Lebensabend verbracht. Gerade als er seit dem letzten Dezember bettlägerig wurde, war diese schwere Zeit von der Treue der ehelichen Gemeinschaft getragen. Wir wissen nicht, welchen Gefahren er auf seinem Lebensweg im einzelnen ausgesetzt war, wo Gott ein gutes Ende herbeigeführt hat. Zu wenig haben wir seine inneren Kämpfe wahrgenommen, keine Brücken in sein inneres Leben schlagen können.

Gebet
Gott, Quelle des Lebens,
wir danken Dir für das hohe Alter von Herrn N.N.,
für die guten Wege,

denen wir verschlossen gegenüber standen;
für die Veränderungen zum Guten,
die wir nicht als solche erkannten;
für alle Bewahrung vor einem bösen Ende im 2. Weltkrieg und als er von Prag nach Deutschland zu Fuß zurückkehrte.
Verwandele Du, Gott der Freiheit, alle Wege von Herrn N.N., die zum Unguten führten, zu einem guten Ende. Wenn wir mit auf diesen Abwegen gewandelt sind, so laß uns heute umkehren. Ermutige uns, den Staub von unseren Füßen zu wischen, wenn wir am Anfang eines ungespurten Weges stehen. Amen.

Segen am Grab
Gott ebne deinen verschütteten Hoffnungen Wege zum Frieden, verwandle deine Trauer in eine neue lebendige Kraft und schenke dir Wegweiser zu einem guten Ende. Amen.

Gottes Kraft in den Schwachen

Kurt-Eugen Melchior

Zur Situation
Mann, 85 Jahre alt, 10 Jahre krank, von seiner Frau aufopferungsvoll gepflegt. Die Frau starb 2 Monate vor ihm.

Orgelvorspiel

Begrüßung

Psalm 31 i. A.
Herr, auf dich traue ich, laß mich nimmermehr zuschanden werden, errette mich durch deine Gerechtigkeit!
Neige deine Ohren zu mir, hilf mir eilends! Sei mir ein starker Fels und eine Burg, daß du mir hilfst! Du wollest mich leiten und führen. In deine Hände befehle ich meinen Geist; du hast mich erlöst, Herr, du treuer Gott.
Ich freue mich und bin fröhlich über deine Güte, daß du mein Elend ansiehst und nimmst dich meiner an in der Not; du stellst meine Füße auf weiten Raum.
Ich aber, Herr, hoffe auf dich und spreche: Du bist mein Gott!
Denn: meine Zeit steht in deinen Händen.
So laß leuchten dein Antlitz über mir; und hilf mir durch deine große Güte!
Amen.

Gebet
Gott, wir stehen nach 8 Jahren Pflege und Fürsorge um den Vater mit gemischten Gefühlen vor dir.
Da ist einmal unsere Betroffenheit, daß ein menschliches Leben überhaupt so enden muß.
Wir fragen: Warum?
Wir stehen aber auch vor der wunderbaren Tatsache, daß 2 Monate nach dem Tode der Frau und Mutter nun auch der Mann und Vater gestorben ist.
Bitte, Gott, laß uns in all diesem Geschehen dein Wirken sehen. Gib uns Antworten auf die Fragen und das Vertrauen, daß hinter allem dein gnädiges Wirken zu erkennen ist.
So schenke uns Mut und Gelassenheit, heute Abschied zu nehmen von dem Vater, Bruder und Freund im Vertrauen darauf, daß Du immer bei uns bist in allen Lebenslagen. Amen.

Lied: 326,1.5 Ich bin ein Gast auf Erden

Ansprache
Liebe N.N.,
liebe Trauergemeinde,
fast auf den Tag sind es 2 Monate her, da haben wir an gleicher Stelle Frau N.N. bestattet, ihr Leben und ihre Fürsorge um ihren Mann bedacht und uns alle gefragt, wie lange wohl Herr N.N. noch leben würde.
Wir spürten alle und wußten es auch: Die liebevolle, selbstverständliche, für uns manchmal starre Hingabe und Pflege des Mannes durch seine Ehefrau hat ihn am Leben erhalten.
Diese starke Beziehung ist nicht mehr da oder anders da? – auf jeden Fall: Zwei Menschen, die Zeit ihres Lebens so intensiv aufeinander bezogen waren in ihrem Denken und Handeln – quasi bis in den Tod hinein – sind nun im Tod auch wieder miteinander verbunden.
Keine Macht dieser Welt hätte den Vater hier noch halten können, auch wenn Sie es in aller Liebe und Selbstverständlichkeit gewollt hätten.
Deshalb ein Gott sei dank an dieser Stelle für dieses gnädige Ende eines langen und auch erfüllten Lebens. Erfüllt, so ganz anders als wir es uns vorstellen: nicht Stärke, Kraft, Gesundheit, Lebensfreude, intensives Teilhaben am Leben bis ins hohe Alter, eine Familie gründen, ein Haus bauen, den Garten erleben und auf dies mit Recht stolz sein, nein eine ganz andere Erfüllung, eine Erfüllung, deren Bedeutung und Tiefe wir erst im Nachhinein, im Nachdenken über das vergangene Leben, im stillen Nachdenken darüber, vielleicht auch erst im ganz persönlichen Zwiegespräch in Gedanken mit dem Vater aufgehen wird – eine Erfahrung, wie sie der Apostel Paulus so ausgedrückt hat:
Meine (Gottes) Kraft ist in den Schwachen mächtig. (2 Kor 12,9)

Liebe Trauergemeinde,
Paulus spricht hier eine Lebenserfahrung aus, die er zum Teil bitter und unter Schmerzen gemacht hat: nicht meine menschliche Leistungskraft, meine Taten, auch nicht die, die ich im Namen Gottes vollbracht habe, nicht mein Durchsetzungsvermögen und meine starken Nerven oder gar meine robuste Gesundheit, auch nicht meine Beliebtheit bei anderen läßt mich dies alles erreichen, all das macht den Wert vor Gott nicht aus – nein: gerade in den Zeiten der Schwachheit hat Paulus erfahren: Gott gibt ihm die nötige Kraft zum Durchhalten. Zum Durchhalten, wo alle anderen schon längst aufgegeben haben. Wo sie sagen: Schluß aus. Hier kann ich auch nicht mehr. Hier muß ich mal an mich denken.
Gerade da, wo Paulus meinte, schon am Ende zu sein, wo auch seine Kraft am Ende war: da gab Gott ihm seine Kraft und ließ ihn durchhalten und schlimmste Gefahren und körperliche und seelische Schmerzen bestehen.
Ich bin fest davon überzeugt, im Leben von Herrn N. N., seiner Frau und ihrem Zusammenleben als Familie haben sie eine Menge von dieser Kraft Gottes, die in den Schwachen mächtig ist, erfahren. Eine Erfahrung, vor der wir immer wieder staunend stehen: Wenn ich das vorher gewußt hätte, dann hätte ich dies nie getan, sagen wir – oder: ich hätte es keinen Tag länger ausgehalten.
Gut, daß wir unser Leben nicht vorher ausrechnen können, gut daß wir nur die Kraft bekommen, die wir für den jeweiligen Tag brauchen, mehr brauchen wir ja auch nicht.
Der Theologe Dietrich Bonhoeffer hat dies einmal aus dem KZ heraus so formuliert:
Ich glaube, daß Gott uns in jeder Notlage soviel Widerstandskraft geben will, wie wir brauchen. Aber er gibt sie uns nicht im voraus, damit wir uns nicht auf uns selbst, sondern allein auf ihn verlassen. Vor solchem Glauben müßte alle Angst vor der Zukunft überwunden sein. Amen.

Lied: EG 300,1-3 Alles ist An Gottes Segen

Gebet
Gott, am Ende eines langen Lebens wollen wir dir Dank sagen: danke für das lange Leben von Herrn N. N.
Dank für die Liebe und Fürsorge der Familie, die ihm erst dieses lange Leben buchstäblich ermöglicht hat, als er für sich selbst nicht mehr sorgen konnte.
Dank für all das, was wir als Kinder, Freunde und Nachbarn von Herrn N. N. an Lebenskraft mit auf unseren Lebensweg bekommen haben.
Dank für all die Kräfte, die immer wieder geschenkt wurden, gerade dann, wenn wir meinten, es ginge nicht mehr oder als es drohte, daß wir es leid wurden.

Gott, ich danke dir, daß wie angesichts dieses Lebens, dieses Leidensweges und dieses Todes dir danken können, weil wir in diesem vergangenen Leben deine Liebe und Barmherzigkeit spüren, eine Liebe und Barmherzigkeit, mit der du uns Menschen durch Menschen beschenken, bereichern und begleiten willst in unseren schwachen Lebenslagen.
So bitte ich dich, daß wir klug werden, dies erkennen und unser Leben unter deiner Führung neu leben lernen.
Das vergangene Leben von Herrn N.N. befehle ich in deine liebenden Arme, dort ist es gut aufgehoben. Und unser eigenes Leben befehle ich deinem guten Geist an, damit er uns führt in unserem Leben zu dir hin.
Dies bitte ich dich im Namen Jesu Christi, deines lieben Sohnes, unseres Herrn, der mit dir und dem Heiligen Geist lebt und regiert von Ewigkeit zu Ewigkeit. Amen.

Verabschiedung

Nachspiel

Mein Gott ist dein Gott

Helmut Marschall

Zur Situation
30 Jahre alte Frau nach Selbsttötung.
Im August stand C. vor unserer Haustür. Sie war mir nicht bekannt, weil sie erst vor wenigen Monaten aus Süddeutschland kommend in unseren Ort gezogen war, da sie hier Freunde hatte. Bald lernte sie einen nigerianischen Asylbewerber kennen. Das Paar beschloß, zu heiraten und im Oktober feierten wir in unserer Kirche den Traugottesdienst.
Im Verlauf der Vorbereitung auf die Trauung wurde deutlich, daß C. psychisch nicht gesund war, immer wieder litt sie unter schweren Depressionen. An die Trauung war die Hoffnung geknüpft, daß eine neue Lebenssituation, gepaart mit dem neu kennenzulernenden Leben in und mit der Familie des Ehemannes S., die Depressionen abschwächen würde. In Afrika wartete man gespannt auf das junge Paar, C. war dort willkommen.
Doch zur Reise nach Nigeria kam es nicht mehr. Nach einem schweren depressiven Schub nahm C. sich im Januar in einem unbewachten Moment im Krankenhaus das Leben.
Das Gespräch vor dem Trauergottesdienst fand im Hause der Freunde von C. statt. Es gestaltete sich sehr schwierig, da der Ehemann nur englisch sprach. S. hatte kurz nach dem Tode seiner Frau ebenfalls versucht, sich das Leben zu nehmen, war jedoch rechtzeitig entdeckt worden.

Zum Trauergottesdienst in unserer Kirche kam ein Teil der Familienangehörigen aus Süddeutschland, der Ehemann, die wenigen Freunde von C. aus unserem Ort sowie einige weitere afrikanische Asylbewerber.
Nach dem Trauergottesdienst blieb der Sarg in der Kirche zur Einäscherung stehen.

Orgelspiel

Votum
C. lebt nicht mehr.
Sie starb von eigener Hand, sie selbst setzte ihrem Leben das Ende.
Ob es ihr eigener Wille war, aus dem Leben zu scheiden, oder ihr Wille bestimmt wurde von ihrer unheilbaren, heimtückischen Krankheit, vermögen wir nicht zu beurteilen. Vermutlich läßt sich das eine vom anderen nicht trennen.
Wir können auch nicht beurteilen, ob es der Wille Gottes ist, daß ein Mensch im Alter von 30 Jahren sein Leben verliert. Und es wird uns verborgen bleiben, worin der Sinn dieses Lebensendes liegt.
Doch weil das Leben von C. zuende ist, sind wir hier zusammengekommen, um unserer Trauer und unserer Wut Stimme zu verleihen. Wir sind gekommen, – nicht um zu urteilen über den Vorgang ihres Sterbens, – wohl aber, um zu klagen und uns gemeinsam an C. zu erinnern. Wir wollen dafür danken, was sie uns, den Zurückbleibenden, gegeben und geschenkt hat. Und wir wollen versuchen, Trost und Hoffnung zu finden in dem, was die Bibel uns von Gottes Wort über die Auferstehung und das ewige Leben erzählt. Wir haben uns versammelt, ganz so, wie es der Prophet Hosea im Alten Testament gesagt hat:»Kommt, wir wollen wieder zum Herrn gehen; er hat uns zerrissen, er wird uns auch heilen; er hat uns geschlagen, er wird uns auch verbinden.« (Hosea 6,1).

Lesung
Psalm 116,1–5.9–10.15

Gebet
Gott, wir sind jetzt ratlos und verzweifelt. Laß uns jetzt nicht allein und hilf uns zu beten. Verbirg dich nicht, sondern komm und rede zu uns, daß wir hoffen können und unsere zerschlagenen Herzen Heilung finden durch Jesus Christus, deinen Sohn. Amen.
(in: Das Begräbnis: die kirchliche Bestattung, Lutherhaus, Hannover 1987. Reihe Gottesdienst; 16. S. 119).

Lesung
Offenbarung 21,1–5a

Orgelchoral

Predigt
Text: Ruth 1,15c
Liebe Angehörige und Freunde der verstorbenen, lieber S.,
liebe Trauergemeinde!
»Schade, daß wir dir nicht helfen konnten.«
Dieser Satz steht über der Anzeige, die Menschen aus unserer Mitte, Sie, die Freunde von C. in unserer Tageszeitung aufgegeben haben.
»Schade, daß wir dir nicht helfen konnten.« Hilflosigkeit steckt in diesem Satz, Resignation. Er ist Ausdruck unserer Machtlosigkeit gegenüber dem Leiden eines Menschen, das stärker war als alle Versuche, diesem Leiden zu widerstehen. Wir werden nie erfahren, ob C. ihr Leben bewußt nicht mehr ertragen wollte, ob C. bewußt ihr Leben beendete. Wir wissen aber, daß ihre Krankheit es nicht zuließ, so leben zu können, wie wir es tun. Ihr Tod läßt uns ratlos zurück und zeigt uns die Grenzen unseres Vermögens, alles zu verstehen, was uns Menschen bewegt, beeinflußt, zum Handeln verleitet.
Was hätten wir tun können? Wo hätten wir ihr noch helfen können? Helfen, ein Leben weiterzuführen, das erst vor 30 Jahren begann? Und das zunächst so verlief, wie das Leben junger Menschen eben verläuft: Von der Grundschule bis zum Abitur, vom Abitur zur Berufsakademie, in die Ausbildung hinein, von dort in den Beruf als verantwortliche Mitarbeiterin bei einem großen Versicherungsunternehmen. Alle Möglichkeiten zu einem sicheren, gradlinigen Lebenslauf waren gegeben. Der Weg war gut bereitet.
Ich weiß nicht, wann in C's Leben die Krankheit begann, die ihr diesen Weg durchkreuzte. Ich weiß aber, daß wir alle gemeinsam hoffen wollten und hoffen mußten, daß das letzte freudige Datum vor ihrem Tod ihr eine Hilfe werden könnte, mit ihrer Krankheit zu leben. Ich spreche von der Freude, die ihr die Liebe zu S. gab und von der Heirat mit S., ihrem Ehemann. Wer unter uns hätte dem Hochzeitspaar an jenem Oktobertag des vergangenen Jahres nicht gewünscht, daß die Liebe zueinander und die Ehe miteinander die Hilfe gewesen wären, die nötig war für C's zerbrechliches Leben?
Manches, liebe Angehörige und Freunde, lieber S., sprach ja auch nach der Hochzeit für eine mögliche Verbesserung. C. ging das Leben sehr positiv und offen an, getragen von der Liebe zu ihrem Ehemann; sie entdeckte unseren Ort als eine neue Heimat, in der sie sich auf lange Sicht einleben wollte; sie lebte mit dem Wunsch, ihre Schwiegereltern im fernen Afrika kennenzulernen und erfuhr herzliche Aufnahme in der Familie ihres Mannes, noch bevor sie sich den Wunsch der Reise erfüllen konnte. Vor allem aber hatte sie hier im Ort Freunde gefunden, die mit ihr gehen und sie tragen wollten. Freunde, zu denen sie selbst sagte: »Ich brauche euch, ihr müßt bei mir bleiben!«
Schließlich hatte sie nicht zuletzt ihren Ehemann, der fest davon überzeugt war, ihr helfen zu können, der sein Bestes gab und dennoch das Schlimmste nicht verhindern konnte, – gerade, als er seine Frau in Sicherheit wähnte.

Die Krankheit, die C. hatte, war stärker als alle Menschen, die ihr helfen wollten. Alles wachen, aufpassen, hoffen, reden, beten war vergeblich. Zurück bleibt nur der Satz: »Schade, daß wir dir nicht helfen konnten«. Ein Satz voller Ratlosigkeit, Trauer, Wut, Zukunftslosigkeit. Zurück bleibt nur die Erinnerung an gute Tage und Stunden. Und was kommt, liebe Trauergemeinde? Was wird sein in den kommenden Tagen, an denen wir verstehen lernen müssen, daß C. für immer diese Welt und unser Miteinander verlassen hat?

»Mein Gott ist dein Gott«, hatten wir als einen Teil des Trauspruches im Oktober hier an dieser Stelle in unserer Kirche gehört. »Mein Gott ist dein Gott« war ein Wort für C. und S., das ihnen helfen sollte, ihre so unterschiedlichen Lebensgeschichten und Vergangenheiten zu einem heilvollen Miteinander zu verbinden. Unter diesem Wort baten wir Gott darum, daß es ihnen gelingen möge, zueinander zu finden und miteinander in die Zukunft zu gehen.

Nach den Ereignissen der letzten Tage hat dieses Wort eine ganz neue, unvermutete Bedeutung bekommen. Heute heißt »Mein Gott ist dein Gott«, daß wir versuchen sollen, uns alle gegenseitig zu trösten. Es heißt auch, daß wir mit der Zusage dieses Gottes leben sollen, daß er uns aufnehmen will in die Ewigkeit, uns alles vergeben wird, was wir versäumt haben und daß er uns ewiges Leben schenken wird, wenn der Tag der Erlösung kommt.

Auf diesem Weg ist C. uns vorangegangen. Vielleicht hat sie im Tode die Liebe Gottes in einer Form erfahren, in der sie ihr vorher im Leben wegen ihrer Krankheit versagt geblieben ist. Wir wissen es nicht, wir dürfen dies nur vermuten. Glauben aber dürfen wir: C. ist nun bei ihm, sie hat ihren ewigen Frieden, einen Frieden, der ihr auf Erden versagt blieb.

(Die nun folgenden Worte wurden in Englisch an den Ehemann S. gerichtet:)
Lieber S., ich wünsche dir, daß du stark genug bist, um zu verstehen, was in den vergangenen Tagen geschehen ist.

Ich wünsche dir, daß die Stimme der Heiligen Schrift, die Worte Gottes und seines Sohnes Jesus Christus dir verstehen helfen, daß C. dich nicht verletzen wollte. Sie lebt weiter in deiner Erinnerung. Sie lebt in deinen Gedanken, sie lebt in Ewigkeit und Gott wird sie halten, bis er uns alle in seine Ewigkeit ruft.

Du sagtest mir am Mittwoch: Ich wußte von ihrer Krankheit. Aber genauso wußte ich, daß ich ihr helfen könnte.

Wir haben schmerzlich erfahren müssen, daß keiner von uns in der Lage war, deiner Ehefrau C. zu helfen. Aber wir sind in der Lage, zu glauben, daß Gott ihr zu ewigem Leben verhilft.

Ich wünsche dir, daß du Hoffnung und Zuversicht in diesem Glauben finden kannst. Du hast Freunde hier in D. und in C's Familie. Geh zu ihnen, sprich mit ihnen, sie stehen dir bei, sie werden dir helfen, stark zu sein. Vergiß das nie. Und vergiß nie: C's Gott ist dein Gott, in der Ewigkeit wird er euch vereinen. Amen.

Orgelchoral

Gebet und Vater Unser

Schlußwort
C. lebt nicht mehr.
Wir konnten ihr nicht helfen.
Nun müssen wir sie dahingeben, daß sie zu Staub und Erde werde, wovon sie genommen ist. Wir vertrauen sie der Liebe Gottes an. Er schenkte ihr ein neues Leben um Jesu Christi willen, der von den Toten auferstanden ist.
Friede sei mit ihr.
Uns aber, die wir nun hinausgehen aus dem Hause Gottes, zurück in unseren Alltag, der sich so plötzlich verändert hat, möge der Trost der Heiligen Schrift und die Barmherzigkeit der liebenden Erinnerung begleiten. Möge Gott uns helfen, zu verstehen, was geschehen ist.
Er behüte unseren Ausgang und Eingang von nun an bis in Ewigkeit.
Amen.

Orgelmusik

Angehörige und Freunde blieben lange am Sarg sitzen. Es dauerte lange Zeit, bis die Kirche leer war. Die Orgel war längst verklungen, als die ersten gehen mochten.

»Wie eitel alles ist«

Wolfgang Herrmann

Trauerfeier für eine junge Frau, die sich das Leben genommen hat und nicht Mitglied der Kirche war. Ihre Freunde hatten mich gebeten, eine Trauerfeier zu gestalten. Außer den Eltern waren bei der Trauerfeier nur junge Leute, die fast alle den Kirchen sehr fern stehen, – eine sensible Situation, der ich mich ohne den Schutz des Talars oder des gewohnten Rituals stellte.

1

Laßt uns jetzt tun, was getan werden muß – in Frieden.

Wir nehmen Abschied –
wir geben der Trauer Raum
und dem Schmerz
und den Fragen.

Und dem, was uns sonst bewegt.
Der Tod, jeder Tod, ist ein Verstummen,
jedes Sterben ein Weg ins Schweigen.
Und wir Lebenden?
Wir dürfen uns vom Tod nicht mundtot machen lassen.
Das wäre Einverständnis, Kapitulation.
Unsere Aufgabe ist, Worte zu finden,
Worte füreinander.
Worte über den Tod hinaus.

Denn das Leben ist mehr als unser biologisches Dasein,
mehr als unser Körper und sein Leben.
Sonst wäre Sterben nur körperlicher Schmerz und Ende.

Wir trauern aber.

Das ist ein zweiter, ein anderer, ein geistiger Schmerz.
Der Tod ist auch eine geistige Herausforderung.
Wie das Leben.
Wir sind Kinder der Erde und des Himmels.
Und spüren deshalb doppelten Schmerz
und begegnen ihm
mit dem Schweigen und seiner Kraft
und dem Wort und seiner Kraft.

2

Ich lese ein altes Wort, geboren aus Leid und Elend.
Ein Wort gegen den Schmerz, eine Vision vom Leben.
Ein Wort aus der Wüste, aus verzagtem Herzen,
aus dem Land der Ungerechtigkeit, der Fremde und Unterdrückung.
Ein Wort, geboren in der Verzweiflung und Hoffnungslosigkeit, –
wie die Trostlosigkeit eines vertrockneten Brunnens.
Ein Wort von der Zukunft und Gerechtigkeit
– und Freiheit, Leben und Glück.

Es ist – ein Text in klassischer religiöser Sprache und Symbolik –
das 35. Kapitel des Jesajabuches.

3

Schweigen

4

I. hat hinterlassen und gewünscht, daß wir jetzt ein Lied hören. Also hören
wir es. Wer will, kann den Text auf den vervielfältigten Blättern mitlesen.

Nick Cave

Sorrow's child

Sorrow's child sits by the river
Sorrow's child hears not the water
Sorrow's child sits by the river
Sorrow's child hears not the water
And just when it seems as though
You've got strength enough to stand
Sorrow's child all weak and strange
Stands waiting at your hand
Sorrow's child steps in the water
Sorrow's child you follow after
Sorrow's child wades in deeper
Sorrow's child invites you under
And just when you thought as though
All your tears were wept and done
Sorrow's child grieves not what has passed
but all the past still yet to come

Sorrow's child sits by the water
Sorrow's child your arms enfold her
Sorrow's child you're loathe to befriend her
Sorrow's child but in sorrow surrender
And just when it seems as though
All your tears were at an end
Sorrow's child lifts up her hand
And she brings it down again.

5

Schweigen

6

Eine alte Legende sagt: Unsichtbar geht ein Engel, dein ganz persönlicher Engel, alle Wege mit, die du gehst. Du siehst ihn niemals; er ist immer hinter dir. Erst im Augenblick des Todes kommt er von vorn.
Das heißt auch: Unser Tod bleibt uns verborgen. Seine Wahrheit ist ein Geheimnis. Wieviel mehr der Tod eines anderen Menschen. Wir wissen wenig, verstehen nicht viel, ahnen vielleicht etwas mehr.
So ist was wir fühlen, denken, sagen, eine Annäherung, geleitet vom Respekt vor diesem letzten Geheimnis. Dieser Respekt wahrt die Würde der anderen Menschen, wahrt also die Würde von I., ihrem Leben, ihrer letzten Tat.
Die sie kannten, können versuchen, das geistige Kräftefeld zu verstehen, in dem sie sich bewegte, das sie bewegte –
Herkunft und eigenes Leben,
Engagement und Verzweiflung,

Vision und Ohnmacht,
der bürgerliche Beruf, die Kunst,
Natur, Logik – und Geist, Phantasie, Träume,
Religion, Symbole, Kirchen,
Wahrheit und Lügen,
das Absolute und die Schmerzen der Realität.
Die Paradoxien dieses Lebens könnten dargestellt werden. Auflösen kann sie niemand.
Ich denke manchmal: Die Sensibelsten unter uns, die sich kaum wehren können und nicht ausweichen, sie müssen das Absurde der Existenz, ihre Widersprüche und Niederlagen ganz durchleben – mit schärferem Bewußtsein, intensiverem Gefühl als die allermeisten.
Es sind die Gezeichneten. Stellvertretend für viele ertragen sie mehr von den Widersprüchen des Menschseins und der jeweiligen Zeit als wir Verschonten.
Manche werden Heilige, andere Ausnahmegestalten der Kunst.
Viele zerbrechen.
Wir schulden ihnen Respekt und Dank.
Ingeborg Bachmann, die Dichterin, war eine von ihnen und hat einen ähnlichen Weg wie I. gewählt, einen ähnlichen Tod. Ihr »Psalm (2)« läßt uns etwas ahnen von diesem geistigen Weg am Rand unserer Abgründe.

»Wie eitel alles ist.
Wälze eine Stadt heran,
erhebe dich aus dem Staub dieser Stadt,
übernimm ein Amt
und verstelle dich,
um der Bloßstellung zu entgehen.

Löse die Versprechen ein
vor einem blinden Spiegel in der Luft,
vor einer verschlossenen Tür im Wind.

Unbegangen sind die Wege auf der Steilwand des Himmels.«
(aus: Ingeborg Bachmann, Werke I, © R. Piper & Co. Verlag, München 1978)

Eine Schwester, die vorangegangen ist.
Als selber in mehrfacher Weise davon Betroffener will ich etwas zum Thema Selbstmord sagen; gewiß zuwenig, aber das, was mich am stärksten bewegt.
Unser Selbst und sein Tod, sein selbst-bestimmter Tod.
Freiheit und Verzweiflung, letztes Bewahren eigener Würde und hoffnungslose Verstrickung in Ausweglosigkeit, Krankheit und Schuld – niemand kann alle Fäden entwirren.
Als mein Vater im vergangenen Sommer seine Pulsadern aufzuschneiden versuchte und einige Wochen danach starb, habe ich empfunden, wie unzugänglich dieser Akt ist. Er hat kaum noch gesprochen, schließlich gar nicht mehr. Ich habe seine ungeheuren Ängste gespürt – und diesen letzten großen Akt der Freiheit, der Selbstbestimmung.

Der amerikanische Künstler und Erzieher Stanley Keleman hat eindringlich und wie ich finde: überzeugend dargelegt, daß jedes Sterben – außer vielleicht schicksalhafter Unfalltod, Tod im Krieg oder in der Naturkatastrophe – ein Selbst-Mord ist, Selbstmord in einem sehr tiefen Sinne: Unser Selbst steuert sein Sterben und bestimmt unseren Tod. Wenn es denn gelingt: im Frieden mit dem Leben. Oder eben im Kampf, oft tragischem Kampf der existentiellen Zerreißproben.

An einem zentralen christlichen Text ist mir klargeworden, was Keleman meint. Vom Sterben Jesu heißt es: »Er schrie laut, neigte sein Haupt und starb«. – Er tat es: selbst. Niemand wird gestorben. Wir sind es selbst. Unsere Sprache spricht im Aktiv.

Das ist eine ungeheure Herausforderung an uns selbst, an die Gemeinschaft, zu dir wir gehören. Das äußerste Risiko der Freiheit. Davon will ich jetzt nicht weiter sprechen.

Nur eins noch: Unser Urteilen findet hier eine Grenze. Nie steht uns ein letztes, abschließendes Wort zu. Immer aber ist uns die äußerste Anstrengung des Verstehens abverlangt. Obwohl wir uns dem Geheimnis von Leben und Tod, dem Geheimnis dieses Menschen nur annähern können, ohne es je zu ergründen.

Noch einmal Ingeborg Bachmann:

»Fall ab, Herz vom Baum der Zeit,
fallt, ihr Blätter, aus erkalteten Ästen,
die einst die Sonne umarmt.
fallt, wie Tränen fallen aus dem geweiteten Aug.
...
Und was bezeugt schon dein Herz?
Zwischen gestern und morgen schwingt es,
lautlos und fremd,
und was es schlägt,
ist schon sein Fall aus der Zeit.«
(a. a. O)

7

Schweigen

8

Bedenken wir Leben und Sterben,
was uns mit I. verbindet
und was wir von ihr wissen.

Bitten wir um Vergebung
für uns selbst.
Und um die Kraft, diesen Tod
in unser Leben hineinzunehmen.

Seien wir bewußt,
daß auch I. ein Teil des Ganzen war,
ein Faden im Gewebe des Lebens.
In diesem Sinn
gehört keiner sich selbst allein.

»Einsam
bist du klein.
Aber gemeinsam
werden wir
Anwalt des Lebendigen sein.« (F. K. Barth)

Laßt uns im Frieden zum Grab gehen.

9

Es steht geschrieben:
Von Erde bist du genommen,
zu Erde wirst du wieder werden.
So geben wir die uns nicht mehr anvertraut ist, I., zurück.

Erde zu Erde, Asche zu Asche, Staub zu Staub.

Angesichts des Todes bekennen wir das Leben.
Angesichts des Schmerzes halten wir am Glück fest.
Und Sterben ist ein Hinübergehen.

Vater unser im Himmel ...

10

Reisesegen (aus dem alten Irland)

Möge dein Weg
dir freundlich entgegenkommen,
möge der Wind
dir den Rücken stärken.
Möge die Sonne
dein Gesicht erhellen
und der Regen um dich her
die Felder tränken.
Und bis wir beide, du und ich,
uns wiedersehen,
möge Gott dich schützend
in seiner Hand halten.

Gott möge bei dir
auf deinem Kissen ruhen.

Deine Wege
mögen dich aufwärts führen,
freundliches Wetter
begleite deinen Schritt.
Und mögest du
längst im Himmel sein,
wenn der Teufel bemerkt,
daß du nicht mehr da bist.

»Schatten kommen auf mich zu«

Andreas Zeuschner

Gottesdienst für eine Gruppe von Trauernden und für einen jungen Mann, dessen Freund an AIDS starb.

Votum
Im Namen des Vaters und des Sohnes und des Heiligen Geistes. Amen.

Meditation
Vorübergezogen an uns ist der Tod.
Wir müssen von N. N. Abschied nehmen.
Wie können wir das ertragen?
Wie können wir leben im Angesicht des Todes?

Lesung
Jesaja 40,6–7
Eine Stimme spricht: Predige! Ich aber sprach: Was soll ich predigen?
Alles Fleisch ist Gras und all seine Schönheit ist wie eine Blume auf dem Felde.
Das Gras verdorrt, die Blume verwelkt, wenn der Hauch des Gottes darüberweht.

Ansprache
(Anrede)
N. N. ist 54 Jahre alt geworden, der Tod hat ihn früh ereilt. Mit achtzig Jahren mag ein Leben vollendet sein, denkt man, aber 54 Jahre – diese Zeit ist zu kurz. Nicht genug, um das Leben bis zur Neige auszukosten, um den Kreislauf zu vollenden. Er wurde herausgerissen aus seinem Dasein, noch bevor er bereit war, von allem Abschied zu nehmen. Er hat den Herbst sei-

nes Lebens nicht mehr gesehen, der eine Vorbereitung ist auf die Rückkehr in den Ursprung, auf die Rückkehr zu Gott, dessen Namen wir kennen und der doch so rätselhaft bleibt.
N. N. hatte keinen sanften Tod, es war ein Sturm, der ihn entwurzelt hat. Er hat gelitten. Es war ein Leiden, in dem wir keinen Sinn erkennen, nur eine Form von Gewalt. Der Tod mag kommen als reißender Wolf oder als schwarzer Engel in lautlosem Flug – er ist niemals sanft, niemals leicht, sein Blick ist hart wie Diamant. Wir können diesem Blick nicht begegnen, ihm nicht standhalten, denn er trifft uns zu tief. Er durchdringt alle Illusion.
Ist der Tod die letzte Wahrheit, die Wahrheit, der wir uns unterwerfen müssen? Gibt es keine Hoffnung? Nichts, was stärker wäre als der Tod? Das Leben von N. N., ist es nun für immer vorbei? Alles, was wir noch sagen wollten, wird es niemals mehr ausgesprochen werden? Der Tod, ist er das, was uns für immer voneinander trennt? Dieser Gedanke ist schwarz wie die Nacht, ohne Hoffnung. Ein tiefer Widerspruch zu allem, was wir denken und fühlen. Denn es ist die Hoffnung das größte Glück im menschlichen Leben, das größte Unglück aber ist die Hoffnungslosigkeit. Die Ewigkeit ist in unser Herz gelegt, heißt es in der Heiligen Schrift des Alten Testaments.
Ewiges Leben. »Das Gras verdorrt, die Blume verwelkt, wenn der Hauch Gottes darüberweht«, sagt der Prophet. Doch liegt nicht in diesem Bild selbst ein Hauch von Ewigkeit? Die Blume wird wieder erblühen in einem anderen Leben, wenn ein neues Jahr beginnt. Auch jeder Mensch ist ein Teil dieses Kreislaufes von Vergehen und Werden, und der Körper muß wieder zu Erde werden, von der er genommen ist. Kann es sein, daß die Erde auch uns den Körper zurückgibt? Der Tod, ist er am Ende der Durchgang in ein neues Leben? Und das Leben eine Reise, die begonnen hat lange vor unserer Geburt?
N. N. hat Schmerzen ertragen, bevor er starb, und so war der Tod eine Erlösung für ihn. Er hat seine Seele befreit, bevor das Leiden unerträglich wurde – für ihn und auch für Dich, ..., seinen Freund, der ihn bis zum Ende begleitet hat. Der Engel mit dem harten Blick, er ist ein Bote des Gottes. Und er läßt Dir die Erinnerung. Die Erinnerung an Gran Canaria. Dein Freund bleibt ein Teil von Dir Dein Leben lang. Aber ein Teil von Dir ist auch mit ihm gestorben. Ihr habt Freude und Leid miteinander geteilt. Das verbindet Euch, und diese Verbindung bleibt. Es war nicht vergeblich. Wenn Du jetzt weiterlebst, dann tust Du es auch für ihn, und Dein Leben war ihm bis zum Tode wichtig.
Nun ist die Zeit des Abschieds gekommen, und auch Ihr, ..., habt einen Menschen verloren, mit dem Ihr verbunden wart. Auch in Eurem Leben hat er seine Spur hinterlassen wie im Leben aller, die zu dieser Feier gekommen sind, um Abschied zu nehmen. Wir übergeben den Leichnam von N. N. der Erde. Sein Geist aber kehrt zurück in den Ursprung aller Dinge. Er

kehrt zurück zu Gott, der ihn gegeben hat. Gott ist Gedächtnis. Wie die Erinnerung an N.N. weiterlebt in uns, so wird er, werden wir im Gedächtnis des Gottes ewig leben.
Nur die Liebe ist stark wie der Tod, und ertragen kann ihn nur der Blick zurück ohne Zorn, ohne Bitterkeit über den Verlust. Loslassen, in Frieden ruhen lassen können wir nur einen Menschen, den wir geliebt haben. Der Abschied tut weh, doch allein die Liebe kann diesen Schmerz fühlen, und allein die Liebe kann ihn ertragen. Die Liebe verbindet uns miteinander über den Tod hinaus. Sie verbindet uns mit Gott, der das Leben gegeben hat, der es wieder von uns nehmen wird und der die Macht hat, es uns jenseits des Todes erneut zu schenken. Amen.

Meditation
So weit meine Augen sehen: Schatten kommen auf mich zu.
Schatten legt sich über die, die ich zurücklasse.
Ihr sollt wissen: Meine tiefsten Gedanken habt ihr mit mir geteilt.
Bittere Worte bedeuten mir nichts mehr, denn Herbstwind
 durchweht mich.
Und irgendwann im Nebel der Zeit, wenn sie mich nach euch fragen,
werde ich lächeln und sagen: Ich war euer Freund.
Und die Trauer wird sich von meinen Augen heben.

So weit meine Augen sehen: Schatten umgibt mich.
Ihr, die ich zurücklasse, ihr sollt wissen:
Meine dunkelsten Stunden habt ihr mit mir geteilt.
Ihr werdet mir fehlen, wenn ich gehe und Herbststurm mich erschüttert.
Doch irgendwann im Nebel der Zeit, wenn sie euch fragen:
Habt ihr ihn gekannt? Dann denkt daran:
Ihr wart meine Freunde, als der letzte Vorhang fiel.
(Alan Parson's Project: »When I'm Old an Wise« (CD »Eye«, © 1981 Arista), Übers. v. Verf.)

Miteinander und füreinander beten wir:
Vaterunser

Nichts hat Bestand, spricht der Prediger, alles, alles verweht im Wind.
Was hat der Mensch davon, daß er strebt und daß er sich müht
hier unter der Sonne?

Segen
Geht hin in Frieden.
Gott berühre euch im Kommen wie im Gehen.
Gott bewahre euch im Tun wie im Lassen.
Gott segne euer Leben und Sterben. Amen.

Ansprachen

»Ich will dich behüten«

Text: 1. Mose 28,15 *Wolfgang Alexander Kratz*

Zur Situation
Tod im hohen Alter; Verdienste um das Gemeinwesen

Lieber Herr A.,
liebe Angehörige, liebe Trauergemeinde!
Der Weg eines Menschen, der sehr lange Zeit mit Ihnen allen hier in N. lebte, ist zu Ende gegangen. Wir nehmen heute Abschied von Herrn A. Im 88. Lebensjahr ist er in B. verstorben. Im Unterschied zu den Abschieden auf Zeit, die wir als Menschen immer wieder vornehmen, ist der letzte Abschied eine besondere Wegmarkierung auf dem gemeinsamen Weg, den man mit dem Entschlafenen gegangen ist. Der letzte Abschied stellt für uns Menschen etwas Endgültiges dar, es ist der Abschied aus diesem irdischen Leben. Diese Tatsache wirft in uns viele Fragen auf, auf die wir kaum eine Antwort wissen. Es ist die Frage nach dem Tod, die Frage, wie es weitergehen wird, jetzt, da der Vater und Schwiegervater, der Opa und Uropa nicht mehr da ist, nicht mehr besucht werden kann. Die Zeit der gemeinsamen Jahre ist zu Ende gegangen.
Jetzt, in der Stunde des Abschieds, sind die Herzen voller Trauer. Sie suchen nach Trost, nach Worten, die Sie aufrichten in Ihrer Trauer. Und gleichzeitig nach Worten, die in dieser Stunde an uns alle gerichtet sind, um uns auf unserem Weg durch das Leben zu begleiten.
Solche Worte des Trostes und der Zuwendung, die hier jetzt auch an der Schwelle des irdischen Lebens zum ewigen Leben noch einmal gesagt sein sollen und vielleicht zu einem neuen Verständnis beitragen können, wenn wir uns an das Leben von A. erinnern, stehen im 1. Buch Mose: »Und siehe, ich bin mit dir und will dich behüten, wo du hinziehst, und will dich wieder herbringen in dies Land. Denn ich will dich nicht verlassen, bis ich alles tue, was ich dir zugesagt habe« (28,15), spricht Gott der Herr.
1917 wurde dieses Wort der Bibel dem jungen A. bei seiner Konfirmation zugesprochen. Ich denke, im Rückblick läßt sich erkennen, wie sehr dieses Bibelwort mit seiner persönlichen Zusage über dem Leben unseres Verstorbenen stand und immer noch steht. »Und siehe, ich bin bei dir und will dich behüten, wo du hinziehst, und will dich wieder herbringen in dies Land.« In diesen Worten liegt eigentlich das Leben von Herrn A. zusammengefaßt vor uns. 1903 wurde er hier in N. geboren, nun wird er hier zur letzten Ruhestätte geleitet. Aber nicht nur über dem Anfang und dem Ende seines Lebens steht Gottes Zusage, sie trifft auch auf die Lebensspanne dazwischen zu.

Nach der Konfirmation und Schulentlassung arbeitete Herr A. im Bergwerk, bis er 1929 eine Anstellung bei der Reichsbahn fand. Auch für ihn war es bestimmt nicht leicht, in der schweren Zeit seine Familie zu ernähren, die schließlich vier Kinder umfaßte – das fünfte Kind, eine Tochter, starb an einer Blutvergiftung.

Die Zeit, die er unter dem besonderen Schutz Gottes stand, war sicherlich seine Militärzeit im 2. Weltkrieg. Als 44jähriger wurde er eingezogen, die lange Liste in seinem Wehrpaß belegt, daß er forthin fast ständig unter Lebensbedrohung stand. Als Kraftfahrer eingesetzt, mußte er nach Frankreich, dann lange Zeit nach Rußland, dann nach Belgien und in den norddeutschen Raum. Eine zugezogene Fleckfiebererkrankung überstand er.

»Ich bin mit dir und will dich behüten, wo du hinziehst, und will dich wieder herbringen in dies Land.« Diese Zusage erfüllte sich Gott sei Dank für sein Leben. Die meisten Einwohner werden Herrn A. auch durch sein Wirken für die Gemeinschaft in besonderer Erinnerung haben. Ein halbes Jahrhundert war er der Freiwilligen Feuerwehr eng verbunden; als stellvertretender Ortsbrandmeister und Ehrenbrandmeister trug er Verantwortung. Im Jahre 1971 wurde A. für seine 25jährige Ttäigkeit als Gemeindevertreter geehrt. Schon früh hatte er sein musikalisches Talent entdeckt und mit Baß, Baßgeige und Zither zur Verfügung gestellt. Den Vorsitz im Männergesangverein hatte er auch inne. Vorsitzender ist er ebenfalls im Sportverein gewesen.

»Ich will dich nicht verlassen.« Diese Zusage gilt auch dem Menschen, wenn er im Alter steht und geliebte Menschen ihn verlassen. 1982 verstarb seine Frau, mit der er 1978 die Goldene Hochzeit feiern durfte.

Vieles, was Herrn A. für Sie als Angehörige und ihn in N. für die Mitlebenden auszeichnete, konnte nicht gesagt werden. Die ganz persönlichen Erinnerungen und Erlebnisse, die Sie mit ihm verbinden, werden in den Herzen und Gedanken bewahrt.

Der Spruch, der dem Konfirmanden mit in sein Leben gegeben wurde, schließt mit den Worten: »Denn ich (Gott) will dich nicht verlassen, bis ich alles tue, was ich dir zugesagt habe«. Diese hoffnungsvolle Zusage Gottes an den Menschen ist ein Segenswunsch, der Gottes Zuwendung zum Menschen betont. Das menschliche Leben, das uns im Rückblick wie ein Schatten erscheint, ist nicht vom unpersönlichen Schicksal und vom unwägbaren Zufall gesteuert. Wir Christen erkennen Gott dahinter, Gott, der den Menschen bewahrt wissen will auf den Wegen, die er ihm gewiesen hat.

Auf vielen dieser Wege gehen andere Menschen mit: die Eltern, Großeltern, die Ehefrau, Geschwister, Kinder und Enkelkinder. Spätestens – und das ist eine Erfahrung, die jeder von uns noch machen wird – spätestens am Ende des Lebens, im Augenblick des Sterbens, treten jedoch alle menschlichen Weggefährten, alle bisherigen Begleiter zurück. Daher rührt ein Großteil unserer Angst vor dem Sterben.

Christus bleibt aber auch da unser Weggenosse. Seine Verheißung »Ich bin bei euch« gilt für unseren Verstorbenen wie für Sie als Angehörige und die ganze Gemeinde, die jetzt noch unterwegs ist.
So wie das Bibelwort »Ich will dich nicht verlassen« für Herrn A. zum Segen für sein Leben geworden ist, so sendet uns der Auferstandene mit der Verheißung »Ich bin bei euch« in die Welt. Sie soll ein Trost sein auf und für die Wege, auf die uns Christus stellt. Ihm befehlen wir Herrn A. und uns alle gnädig an. »Und siehe, ich bin bei euch alle Tage, bis an das Ende der Welt« (Mt 28,20). Auf diese Zusage laßt uns vertrauen.

Wir sehen nicht alles, was ist

Text: 1. Samuel 16,7 *Wolfram Braselmann*

Zur Situation
Der Verstorbene war Alkoholiker. Er hatte sich vor einen Zug geworfen.

Liebe Angehörige unseres verstorbenen N. N., liebe Gemeinde!
Ja, es ist wahr, wir, die wir in Betroffenheit und Erschrecken zusammen sind an diesem Tag, um Abschied zu nehmen, wir sehen wahrlich nur, was vor Augen ist, sehen die Bilanz und sehen den Weg eines Lebens, mit dem es ein böses Ende genommen hat, sehen, was da alles war an Stationen in diesem Leben von N. N., denken voll Trauer, wenn es gutgeht, an die Momente, an die Augenblicke, in denen sein Leben eine Wende zum Besseren hätte nehmen können, und wissen doch: Es ist nicht so gewesen, es ist, wie wir mit unsern Gedanken sagen, bergab gegangen, bis hin zu seinem letzten Weg, den er wohl ganz allein gegangen ist, diesem Weg, der voller Verzweiflung gewesen sein muß.
Es hätte, so sagen wir uns, es hätte doch nicht so kommen müssen. Da war doch so manches, das er sich aufgebaut hatte in seinem Leben vor Jahren: Da war die Familie, die er hatte, da war das Haus, das er sich mit seiner Familie gebaut hatte, da war seine Arbeit. Da hätte er doch manches noch aufbauen können, es hätte werden können, wie es bei anderen auch ist, und ist doch ganz anders gekommen: Da ist vor mehr als zehn Jahren schon seine Familie zerbrochen, sicher nicht ohne sein Zutun, und sein Haus ist, unübersehbar für uns alle, nie fertig geworden, und so hat er allein so lange Jahre noch unter uns in diesem unfertigen Haus gelebt, das uns heute wie ein Hilferuf erscheinen mag, und doch war es auch wieder so, daß ja auch manches an Hilfsangeboten in dieser Zeit war, von denen er gewußt hat, und die er doch ausgeschlagen hat.

So hat er viele Jahre unter uns gelebt, allein, und läßt uns heute mit der bitteren Erkenntnis zurück, wie vergeblich all unsere Versuche sein können, jemandem zu helfen, daß all das, was wir in Tun und Unterlassen unternehmen, vergeblich sein kann.

Und es war wohl so, so müssen wir es uns heute traurig zurechtlegen, daß er seinen Weg gehen wollte, sich nichts sagen lassen wollte, und auch der letzte Aufbruch seines Lebens, als er damals nach XY zog, war solch ein eigener Weg, der ihn dann doch nicht weiter gebracht hat, seine Krankheit, seine Sucht hat ihn auch dort wieder eingeholt, und es kann nur eine tiefe Verzweiflung gewesen sein, die ihn nach Wochen ziellosen und haltlosen Umherirrens, als er niemand mehr hatte, und auch vor allen weggelaufen war, in dieser Verzweiflung den letzten Schritt tun ließ.

Wir mögen meinen: Auch da hätte sich doch noch ein Weg finden lassen, und das mag ja auch sein. Er aber, daran kommen wir heute nicht vorbei, fand keinen Weg mehr, und wir sehen mit Erschrecken, was eine Krankheit aus eines Menschen Leben machen kann.

Ja, das ist es, was wir vor Augen sehen, wir, die wir Menschen sind, die nicht mehr sehen können, als vor Augen ist. Und es ist schon viel, wenn wir es in Erschrecken und in Trauer sehen.

Der Herr aber sieht das Herz an. Gott sieht, das hoffen wir bei diesem Abschied von N. N., tiefer, als wir sehen können. Gott sieht in sein Herz. Versteht, besser als wir, was da war an vergeblicher Sehnsucht, an Verzweiflung, an Hoffnung, die sich nicht erfüllt hat.

Und wir können nicht mehr, als darauf hoffen, daß er nun nicht ins Nichts gefallen ist, sondern daß er doch in Gottes Erbarmen gefallen ist. Daß nach dem tiefen Dunkel, in das dies Leben von N. N. gegangen ist, das letzte Wort das Wort Gottes ist: das Wort seiner Gnade und seines Erbarmens.

Sicher leben

Text: 2. Chronik 20,20   *Günter Kaltschnee*

Zur Situation
N. N. starb im Alter von 79 Jahren nach schwerer Krankheit. Seine Frau ist bei der Beerdigung noch im Krankenhaus und stirbt kurze Zeit nach ihrem Mann.

Liebe Frau N. N.! Liebe Angehörigen und liebe Trauergemeinde!
In den Morgenstunden des letzten Freitages vestarb Ihr Mann, Ihr Vater und Großvater, Herr N. N. im Alter von 79 Jahren. Ein Menschenleben ist

nun zu Ende! Traurig klingt diese Feststellung. Sie macht uns Angst; denn sie erinnert uns an die eigene Vergänglichkeit. Unsere Zeit auf der Erde ist begrenzt.

Der Abschied fällt schwer. Unbarmherzig ist es, von dem Mann, von dem Vater und Großvater Abschied nehmen zu müssen. Für die, die zurückbleiben, ist dies immer auch eine Todeserfahrung mitten im Leben; denn mit dem Verstorbenen stirbt ja auch ein Teil von uns: unsere gemeinsame Geschichte mit ihm.

So geht es auch mir. Nach nun 6 Jahren hier am Ort kenne ich die Verstorbenen alle gut. Wir haben ja auch schon eine gemeinsame Geschichte. Die Besuche, die Goldene Hochzeit vor 4 Jahren, all das sind Berührungspunkte, die prägen und die die gemeinsame Lebensgeschichte ausmachen.

Herr N. N. war echter Sachsenhäuser. Hier ist er geboren, und hier schließt sich sein Lebenskreis auch. Die letzten drei Jahre ist ihm das Leben schwer geworden: Krankenhausaufenthalte, seine Krankheit und die seiner Frau haben an seinen Kräften gezehrt.

Dabei hat er noch letztes Jahr liebevoll seiner Schwester im schweren Leid beigestanden. Ihn tröstete dabei immer wieder, daß er noch mit seiner Frau zusammen war und in der gemeinsamen Wohnung leben konnte. Es waren fast 55 Jahre gemeinsamen Ehelebens. Bis zuletzt haben sich beide einander Halt und Kraft geschenkt. Unsere Gedanken gehen in diesem Augenblick zu Frau N. N., die im Krankenhaus liegt und nun einen wichtigen Halt ihres Lebens verloren hat. Gott möge ihr beistehen.

Auch für die Tochter ist der Abschied von dem Vater, den der Tod verlangt, schwer. Aber es darf uns alle das Wissen trösten, daß es für Ihren Vater auch Erlösung war. Gott hat Ihren Vater aus schwerem, geduldig ertragenem Leid erlöst. Bei aller Trauer darf dies zu einem ersten Trost werden. Gott hat es wohl gemacht.

»Glaubet an den Herrn, dann werdet ihr sicher leben!«

Herr N. N. konnte diesem Vers folgen und hat vieles getrost in Gottes Hände gelegt. Bei Besuchen haben wir im Gebet uns oft dieser Glaubenszusage vergewissert. In diesem Wissen hat N. N. auch dunkle Zeiten durchstanden, Zeiten des eigenen Leides, aber auch Zeiten der Sorge um seine Frau.

»Glaubet«, das heißt doch: Legt euer Leben, die guten aber auch die schweren Zeiten, getrost in Gottes Hand. Legt euer Leben mit seinem Anfang und mit seinem Ende getrost in Gottes Hand.

»Ein Menschenleben ist nun zu Ende!« Traurig klingt diese Feststellung und doch – wenn wir auf das Trostwort hören: »Glaubet an den Herrn, euren Gott, dann werdet ihr sicher leben«. – Wenn wir auf dieses Trostwort hören, dann sagt uns dieser Glaube doch auch: »Dieser Abschied heute ist nur ein Abschied auf Zeit«. Für uns Christen gibt es im Glauben eine Verbundenheit mit Gott, die trägt, gerade auch dort, wo unserer menschlichen Verbundenheit Grenzen gesetzt sind, eben auch im Tod.

Wir Christen fallen mit dem Tod nicht ins Nichts, sondern in Gottes Liebe und bergende Hände. Das ist unser Trost im Leben und auch im Sterben. So hat es uns Gott in Christi Tod und Auferstehung deutlich gemacht. Gott hat in seinem Sohn die dunklen Stellen unseres Lebens – das Leid, die Sorge um Menschen, die Angst und die Einsamkeit – geteilt. Ja, er ist sogar in die dunkelste Stelle unseres Lebens – in den Tod – vorausgegangen. Gott hat in Jesus als Mensch den Tod ertragen und durchgestanden.
Aber Gott hat sich in Jesus Christus zu seiner Liebe bekannt und ihn von den Toten auferweckt, uns als Zeichen endgültiger Hoffnung und Hinweis auf seine Liebe, die keine Grenzen kennt, auch den Tod nicht.
Wir nehmen heute Abschied auf Zeit und wissen doch, daß wir in der Ewigkeit zu Gott gehören und nach dem Endgericht in Gottes Liebe geborgen sein werden.»Glaubet an Gott.«
Es ist Gottes grenzenlose Liebe, der wir heute getrost Ihren Vater und Großvater anvertrauen können.
Bei aller Trauer dürfen Sie, liebe Angehörige, dankbar sein für dies zu Ende gegangene Leben und alles, was es Ihnen geschenkt hat. Sie können getrost auf das Wort hören, das den Verstorbenen durch das Leben begleitet hat und auch uns Trost zusprechen kann:
»Glaubet an den Herrn, euren Gott, so werdet ihr sicher sein.«
In Gottes Segen können wir getrost leben, aber auch getrost sterben; denn wir können nicht tiefer fallen als in Gottes Hand. Nichts kann uns von Gottes grenzenloser Liebe trennen.

Eine Zukunft nach dem Tod

Text: Psalm 23 *Christian Kollath*

Zur Situation
Trauerfeier eines sehr sympathischen »VIP« der Kirchengemeinde. In früheren Begegnungen mit ihm und im Vorgespräch mit der Witwe und den beiden Söhnen beeindruckte mich, wie lebendiger Glaube ohne jede Frömmelei, eine Fülle von Bibelzitaten und total alltägliche Erlebnisse eine Einheit bildeten, wie ich es nur selten erlebe. Und dabei strahlen sie nicht die Enge einer Sekte aus, sondern sind »typische Vertreter der Volkskirche in einer Großstadt«, liberal und engagiert.
Ich habe an *Psalm 23* entlang versucht, einiges davon darzustellen.

Liebe Familie N., liebe Trauergäste!
Befiehl du deine Wege und was dein Herze kränkt der allertreusten Pflege des, der den Himmel lenkt, so haben wir zu Beginn gesungen. Befiehl dem

Herrn deine Wege und hoffe auf ihn, er wird's wohl machen, diesen Vers aus dem 37. Psalm haben Sie über die Traueranzeige setzen lassen.
Sie wollen damit zum Ausdruck bringen, was auch N. N. immer als Lebensgefühl empfunden hat: Letztlich verdanke ich meine Existenz nicht mir selber, sondern Gott. Und weiter: N. N. - und somit auch seiner ganzen Familie - war ein von Gott gesegnetes Leben vergönnt.
Am ... begann dieses Leben, als N. N. in B. geboren wurde. Der Herr ist mein Hirte, mir wird nichts mangeln. Er weidet mich auf einer grünen Aue und führt mich zum frischen Wasser.
N. N. lernte von früh auf, in kirchlicher, christlicher Tradition zu leben, sich beschützt und getragen zu wissen.
Das bedeutete keineswegs, daß er ein Glückskind war, dem alles gelang und daß er keinerlei Probleme im Leben vorfand. O nein, weit gefehlt.
Und ob ich schon wanderte im finstern Tal, fürchte ich kein Unglück, denn du bist bei mir, dein Stecken und Stab trösten mich.
Es bedeutet stattdessen, mit Ihren Worten, liebe Frau N., gesprochen: »Immer wenn wir nicht weiter wußten und manchmal verzweifelt waren, dann ging plötzlich irgendwo eine Tür auf, eröffnete sich eine Möglichkeit.«
Wir sprachen über Höhen und Tiefen im Leben von N. N., so weit man das von einem anderen Menschen überhaupt wissen kann. Und es gab etliche Tiefen, die eigentlich immer Trennungen von seiner Familie waren, oftmals mit Gefahr für seine eigene Person verbunden.
Die Jahre als junger Mann in B. und K., als er sein Elternhaus aus beruflichen Gründen verlassen mußte; die Kriegsjahre, spätestens von 43 an, als er eingezogen wurde - und wer weiß, was er da alles erlebt hat -; aber auch viel später die Trennungen durch Krankheiten, als sein Sohn Kinderlähmung hatte, oder seine Frau eine schwere Blutvergiftung.
Du bereitest vor mir einen Tisch im Angesicht meiner Feinde. Du salbest mein Haupt mit Öl und schenkest mir voll ein.
Welche unglaublichen körperlichen und seelischen Kräfte wuchsen N. N. in diesen Zeiten zu, so daß er andere sogar noch ermutigen und aufmuntern konnte. Hierhin gehört, glaube ich, auch die Zeit seiner eigenen Krankheit. Nachdem N. N. am 16. Juni dieses Jahres einen Schlaganfall erlitt, war er teilweise gelähmt, konnte aber vor allem nicht mehr sprechen. Dieses Getrennt-Sein voneinander, haben Sie, liebe Frau N., die beiden Söhne und alle, die ihn besucht haben, als ganz schmerzlich erlebt. Obwohl Sie oftmals nicht wußten, was er aufnahm, und wie er es verarbeitete, obwohl Sie oftmals nicht verstanden, was er wollte, sind Sie jeden Tag bei ihm gewesen. Manchmal lächelte er noch, freute sich sichtlich über Besuch. Aber sein Zustand verschlechterte sich, er bekam wohl auch Schmerzen und starke Medikamente dagegen, so daß man wohl sagen muß, daß es *auch* ein Segen war, daß N. N. am ... ruhig und ganz friedlich einschlief.
Und ob ich schon wanderte im finstern Tal, fürchte ich kein Unglück. Denn du bist bei mir, dein Stecken und Stab trösten mich.

Aber es gab eben, Gott sei Dank, auch ganz andere, glückliche Zeiten im Leben von N. N.
Gutes und Barmherzigkeit werden mir folgen mein Leben lang.
Z. B. die Zeit, als Sie sich, liebe Frau N., kennenlernten. Sie haben so lebendig und köstlich davon erzählt, wie überhaupt unser Gespräch eigentlich ja richtig vergnügt war, eben weil wir uns an so viele schöne Zeiten und Erlebnisse mit N. N. erinnerten. Ihre Ehe, die Sie 1938 schlossen und die für Sie beide immer unter dem Bibelspruch stand: seid fröhlich in Hoffnung, geduldig in Bedrängnis, beharrlich im Gebet, ist ja ein Abbild davon: Oft ähnliche Ideen, ganz unterschiedliche Geschwindigkeiten – und am Ende kam immer etwas Gutes dabei heraus.
Ich jedenfalls kann Sie nur beneiden um diese lange Zeit Ihrer glücklichen Ehe, in der Sie immer, und nicht nur äußerlich, beieinander blieben, in der Sie die Silberne und Goldene Hochzeit, Ihren 80. und seinen 85. Geburtstag gemeinsam in voller Gesundheit feiern konnten.
Besonders gefreut haben Sie beide sich sicherlich 42 und 43 über die Geburten Ihrer beiden Söhne.
Aber zufrieden war N. N. auch in seinem Beruf. Jahrzehntelang war er Hauptbuchhalter. Einer der wichtigsten Leute in seiner Firma, jedenfalls in diesem speziellen Arbeitsgebiet, so daß er zu bestimmten Zeiten wochenlang eigentlich nur gearbeitet hat. Wenn Sie um 9.00 Uhr gemeinsam in den Urlaub fahren wollten, kam er um 8.00 Uhr nach Hause!
Zu den Höhepunkten gehörten auch gerade diese Reisen. Da konnte er seine Liebe zur Natur ausleben, etwa im Riesengebirge, da war er unbeschwert und im Kreise seiner Familie, in der er sich am wohlsten fühlte. Selbst in diesem Jahr bei einer Tagesfahrt war Ihnen dieses Erlebnis noch einmal vergönnt.
Wohlgefühlt hat er sich auch immer in seiner Verwurzelung in der Kirche. 1946 kam N. N. aus der Kriegsgefangenschaft hier nach O. Jeden Sonntag gingen Sie zu Fuß kilometerweit zur Kirche, in der Woche manchmal zur Bibelstunde und dann im Dunkeln zurück am Fluß entlang nach Hause. N. N. hat sich auch vor Verantwortung nicht gescheut. 30 Jahre war er im Kirchenvorstand und obendrein auch noch Rechnungsprüfer.
Wie in allen anderen Lebensbereichen auch hat er beeindruckt und überzeugt durch seine Persönlichkeit. Lassen Sie mich ein paar Stichworte nennen, die ich immer wieder in Gesprächen über ihn hörte:
Er war treu, er hat dieses Amt ernst genommen wie die Presbyter, die in den neutestamentlichen Briefen beschrieben sind.
Er war einer der ganz wenigen, die beides hatten: hohe Sachkenntnis und Interesse am kirchlichen Leben. Er war gradlinig und ehrlich, persönlich integer. Er bedachte andere Meinungen und bezog sie mit ein, wobei er seinem eigenen Standpunkt auch treu blieb. Er war genau, gründlich und abwägend – und auch im hohen Alter noch, bei aller konservativen Einstellung – immer lernfähig. Er brachte eine unglaubliche innere Ruhe mit, die

ihn befähigte, ganz wichtige Entscheidungen zu treffen und dabei dennoch ausgleichend zu wirken.
Liebe Trauergäste, in meinen Gesprächen ist es mir häufig so gegangen, daß man ein wenig vorsichtig sein muß, N.N. nicht zu einem Heiligen zu machen, wenn man sich so freudig und dankbar an ihn erinnert.
Mir persönlich ging es auch so, weil ich ihn immer sehr freundlich, aufbauend, trotzdem kritisch – meist aber in Einzelgesprächen –, mitfühlend und mitdenkend erlebt habe.
Und dennoch war ich für den Hinweis von Ihnen, den Söhnen, sehr dankbar, daß wir keinen Übermenschen aus ihm machen wollen, auch jetzt hier nicht.
Manchmal war das Zusammenleben auch mit ihm schwierig, etwa wenn er unangenehme Dinge vor sich herschob oder wenn er allzu bedächtig war.
Aber die positiven Erinnerungen überwiegen allemal, so daß diese dankbare Erinnerung einfach zeigt: Wir alle werden N.N. sehr vermissen, Sie, liebe Frau N., am allermeisten, aber eben jeder von uns auf seine Weise, der ihn gekannt und eine gemeinsame Geschichte mit ihm hatte.
... und ich werde bleiben im Hause des Herrn immerdar.
N.N. ist gestorben. Seinen Leib müssen wir dahingeben. Unser vergänglicher Körper, der dem Tod verfallen ist, muß in einen unvergänglichen Körper verwandelt werden, über den der Tod keine Macht hat.
Keiner von uns weiß, wie das geht, sich anfühlt oder aussieht. Aber wir teilen diesen Glauben, diese Hoffnung, daß N.N. auch nach seinem Tode noch eine Zukunft hat. Was in die Erde gelegt wird, war von natürlichem Leben beseelt; aber was zu neuem Leben erwacht, wird ganz vom Geist Gottes beseelt sein.
In dieser Hoffnung nehmen wir heute endgültig Abschied von N.N.
Wenn das geschieht, wird das Prophetenwort wahr:
»Der Tod ist vernichtet!
Der Sieg ist vollkommen!
Tod, wo ist dein Sieg?
Tod, wo ist deine Macht?«

Er steht zu mir, wie ich bin

Text: Psalm 23 *Samuel Wendel-Widmer*

Zur Situation
Gestorben im Alter von 72 Jahren; in der Nacht für immer eingeschlafen.
Fritz W. galt als behindert und arbeitete im örtlichen Heim für Behinderte. In den vergangenen Jahren hatte er eine Bleibe im Haus seiner Schwester, die verwitwet ist. Fritz W. fand durch seine offene Art schnell Kontakt, war bei seinen Nachbarn (besonders den Kindern) äußerst beliebt und von seinen Angehörigen sehr geliebt.

Liebe Angehörige, liebe MitarbeiterInnen im Behindertenheim,
liebe Gemeinde,
im Hören des Lebenslaufes von Fritz W. sind uns alle Erinnerungen an die Zeit mit ihm vor Augen gekommen. Und da ist die Frage: Was bleibt uns von ihm? Wo hat er uns mit seinem Leben berührt, was kann er uns als Glied der christlichen Gemeinde mitgeben?
Ich habe Fritz W. nur flüchtig gekannt – aber etwas an ihm hat sich bei mir fest eingeprägt: Ich habe vor Augen, wie er jedes Mal, wenn ich ins Behindertenheim zur Seelsorge kam, auf mich zugekommen ist und frei und deutlich heraussagte: »Grüezi, Herr Pfarrer!«
Fritz W. gehörte für mich zu den Menschen, die aus einer inneren Freiheit heraus auf andere Menschen zugehen können – und sein »Mittel« war das Wischen mit dem Besen, durch das er sich vielen unter uns eingeprägt hat – mit Freundlichkeit, aber auch mit Aggression. Menschen, die das so können, beeindrucken mich – ja, ich spüre aus solchem Verhalten, daß sie sich eine kindliche Freiheit des Glaubens bewahrt haben!
Er hängte ihn über seinem Bett auf, so, daß sein Blick beim Einschlafen und beim Aufwachen auf ihn fallen konnte: seinen Konfirmationsspruch mit dem Bild der Kirche, in der Fritz W. konfirmiert wurde. Worte aus dem 23. Psalm bekam er als 16jähriger damals mit auf seinen Lebensweg:
Der Herr ist mein Hirte,
mir wird nichts mangeln.
Gott wird uns in diesem Psalm im Bild des Hirten vor Augen gestellt, der mit seiner Herde von Weide zu Weide und von Wasserquelle zu Wasserquelle zieht. Wenn wir heute die Worte dieses Psalms »Mir wird nichts mangeln« hören, dann denken wir vielleicht zuerst: »Ich werde genug Dinge zum Leben haben« – wir bekommen es ja Tag für Tag gesagt und gezeigt, was wir alles zum Leben haben sollten. Aber ein Hirte kann einem in dieser Beziehung nicht viel geben – was er aber geben kann, ist, daß er uns zu immer neuen Weideplätzen und zu Wasserquellen führt; daß er auf allen Wegen unseres Leben mit uns geht, durch all das hindurch, was uns begegnet, daß er uns ein Gegenüber ist, auf das wir vertrauen und zu dem wir sprechen können.

Als ich den Konfirmationsspruch des Verstorbenen erfuhr, da habe ich gedacht: Ja, in seiner offenen Art konnten wir alle etwas von dem Vertrauen auf den Hirten spüren, von dem der Psalm 23 spricht: Er steht zur mir, wie ich bin – also darf ich auch so sein!
Daß Fritz W. Menschen an seiner Seite hatte, durch die er immer wieder etwas von der Begleitung des Guten Hirten spüren konnte, dafür laßt uns in dieser Stunde danken: angefangen von seinen Eltern, die zu ihm standen, als sie merkten, daß er nicht so war wie die anderen Kinder, weiter zu seinen Verwandten, die ihn ins Herz geschlossen hatten, zu seinen Nachbarn, deren Haus ihm offenstand – bis hin zu seiner Schwester, bei der er bis zuletzt Wohnung und Fürsorge bekam und die zu ihm stand auch in schwierigen Tagen.
»Wir trauern um einen lieben Mitmenschen, der uns allen mit seiner Behinderung so viel gab« – mit diesen Worten, die Ihr, liebe Angehörige, an den Schluß des Lebenslaufs gesetzt habt, stellt Ihr Euch noch einmal deutlich zu Fritz W. »mit« (und nicht »trotz«) seiner Behinderung, durch die hindurch Ihr etwas von seinem kindlichen Vertrauen erlebt habt.
Mit diesen Worten stellt Ihr aber auch wieder einmal die Frage, wie das mit unserer Einteilung in »behindert« und »normal« ist: Mir liegt es fern zu sagen »Wir sind ja alle irgendwo behindert, es gibt da keine Unterschiede« (damit verschleiern wir die Probleme), aber ein Mensch wie Fritz W. kann uns fragen, wo wir allzuschnell eine Grenze ziehen – und dabei übersehen, was Menschen wie er vielen von uns voraus haben: ein Leben aus der Freiheit der Kinder Gottes.

Erlöse uns, wenn die Nacht des Todes über uns kommt!

Text: Psalm 31,6 *Volker Johannes Fey*

Zur Situation
Die verstorbene Fünfundsiebzigjährige lebte 20 Jahre nach dem Tod ihres Mannes völlig zurückgezogen, zum Befremden ihrer eigenen Kinder.

Liebe Angehörigen, versammelte Trauergemeinde!
Wenn die Mönche im Kloster Maria Laach sich zur Nachtruhe begeben und mit dem Abendgebet (der Komplet) den Tag beschließen, dann singen sie alle Abende dieses Psalmwort:
»In deine Hände, Herr, befehle ich mein Leben;
du hast mich erlöst, du treuer Gott!«

Es ist das schönste Wort eigentlich, mit dem man einen Tag beschließen kann. Denn es gibt so viel Unfertiges, so viel Mißratenes! So viel, das liegengeblieben ist! So viel, das mißglückt ist – in der Begegnung mit Menschen, im Umgang mit der Natur und mit Sachen – wir können es manchmal gar nicht mehr registrieren, wir können es mitunter nicht überschauen. Wir können es manchmal auch nicht mehr ertragen: so viel, was wir schuldig geblieben sind! Und darum tun wir manchmal einfach am besten daran, wenn wir all dies, was als Rest bleibt – was uns belastet und bedrängt, was uns den Schlaf rauben kann – in die Hände Gottes legen und sagen:
»In deine Hände, Herr, befehle ich mein Leben;
du hast mich erlöst, du treuer Gott!«
Und das ist auch eine angemessene Bitte am Ende eines Lebens, wie wir es heute bedenken.
Ich finde es schön, daß Sie dieses Wort über die Todesanzeige gestellt haben. Es ist also die Suche nach einem passenden Wort, die wir in unserem Gespräch angestellt haben, gar nicht so vergeblich gewesen! ...
Und warum ist es ein so passendes Wort? Weil es auch in unserem Leben – auch in der Summe unserer Tage – noch immer Dinge gibt, die wir nicht geklärt haben, die wir nicht gelöst oder erledigt haben. Auch nach einem Leben – und dauert es noch so lange – kann ein Rest bleiben. Auch einem Menschen, der lange bei uns war, können wir etwas schuldig geblieben sein – und er uns! –
Wir könnten darüber verzweifeln! Wir fragen uns – angesichts des Todes –: War das alles? Und *das* war es also? So eine lange Zeit – bei Ihrer Verstorbenen immerhin diese biblische Zeitspanne von »siebzig und wenn's hochkommt achtzig Jahren«, wie es im Psalm heißt (vgl. Psalm 90,10).
Und mit einem Mal erscheint's doch so kurz! War es wirklich nicht mehr? Und hätte ich nicht doch diese Zeit nutzen sollen, das eine oder andere ins Reine zu bringen? – Stattdessen: Ich habe manches nicht verstanden an der Verstorbenen. Und: Ich selbst fühle mich in vielem unverstanden. Ich konnte mich in manchem, das mich bewegt hat, nicht erklären. Ich bin der Verstorbenen fremd geblieben – ja, immer fremder geworden, mit den Jahren. Und sie ist mir auch immer fremder geworden. Wir wußten eigentlich gar nichts mehr voneinander. Wir haben uns einander entfremdet. Wir hatten uns im Grunde nichts mehr zu sagen. Wenn wir uns sahen, redeten wir uns manchmal nur fest, und es gab bloß Streit... Und dann kommt der Tod. Und wir spüren, wie endgültig das ist. Wir verstehen, daß uns nun alle Möglichkeiten geraubt sind. Nichts läßt sich nun mehr machen. Es ist so, wie es ist – wir können nichts mehr daran ändern! Wir sind bestürzt – betrübt – verwirrt... Das alles kann der Tod mit uns anrichten!
Und wie gut ist es da, daß wir all dies in Gottes Hand legen dürfen; daß wir mit dem alten biblischen Wort beten dürfen:
»In deine Hände befehle ich meinen Geist;
du hast mich erlöst, Herr, du treuer Gott.«

Sonst ist uns die Bibel ja eher fern, und wir können oft nicht glauben, daß sie etwas mit unserem Leben zu tun hätte. Aber nun hören wir auf einmal die uralten Erfahrungen heraus, die in einem Wort wie diesem verarbeitet sind. Wir spüren, wie sehr wir Gott brauchen. Wir ahnen seine Größe – und unsere kleine Macht. Und wir begreifen auf einmal, was das heißt: in deine Hände, Gott, darf ich mein ganzes Leben befehlen – alles, was dazu gehört: das Hohe und Tiefe; das Schöne und das Traurige; die guten Tage mit der Verstorbenen. Und es gab durchaus gute Tage, bevor der überraschende Tod des Ehemannes im Jahr 1974 das Leben von N. N. und das ihrer Familie schlagartig verändert hat – denken wir nur daran, wie viele Jahre sie sich für ihre eigenen Kinder und für Pflegschaftskinder aufgeopfert hat!
Aber in die Hände Gottes dürfen Sie auch all das andere legen, was davor und danach war: alles, was gefehlt hat, das Ungeklärte und Unfertige, das Scheitern und das Unvermögen ...
Wir gehen auf Ostern zu und bedenken alljährlich in der Passions-, in der Leidenszeit den Weg des Jesus von Nazareth ans Kreuz. Und wir erinnern uns, daß unter den sieben Worten, die von Jesus am Kreuz überliefert worden sind, eben auch dieses Wort war: durch Leiden und Schmerzen hindurchgegangen, schreit Jesus unmittelbar vor seinem Tod: »Vater, ich befehle meinen Geist in deine Hände« (Lk 23,46).
Und wir halten uns seinen Weg vor Augen und finden darin auch Teile unserer eigenen Wege: Es kann uns trösten, daß auch in seinem Leben so viele Brüche waren: Mit seiner engsten Familie kam er nicht zu Rande – sie verstand ihn nicht und akzeptierte ihn nicht! Die seinen Willen taten – die waren ihm näher als seine blutsmäßigen Brüder und Schwestern, Vater und Mutter (Mt 12, 46–50). Aber auch viele seiner Gegner begegneten ihm mit Unverständnis, sogar mit Haß, Neid und Streit. Und dennoch stirbt Jesus ohne Bitterkeit: Er bittet noch am Kreuz um Vergebung für seine Feinde – und er legt sein ganzes Leben in Gottes Hand – so, wie es war.
Und ich wünsche Ihnen, daß auch Sie das mit Ihrem Leben und mit dem Leben Ihrer Verstorbenen tun können. Der Psalmvers, den Jesus im Sterben zitiert, endet mit dem Wort: »Du hast mich erlöst, Herr, du treuer Gott«. – Eure Verstorbene: sie ruhe, erlöst von der Enge unseres irdischen Leibes (»und unserer verblendeten Seele«, Bonhoeffer), im Frieden bei Gott!

Gast auf der Erde

Text: Psalm 39,13b *Hansjörg Haag*

Zur Situation
Die folgende Predigt hat mich in besonderer Weise herausgefordert. Denn erstens war der Verstorbene gerade nur 50 Jahre alt (angesichts unserer Lebenserwartungen!) ... Und zweitens hatte er in unserem kleinen Dorf (überwiegend evangelisch und mit besonderer Vergangenheit: die Vorfahren waren italienisch-französische Glaubensflüchtlinge, Waldenser) so gut wie keine Kontakte – außer zu einer älteren Frau, die ihn bekochte und die Wäsche machte, und deren Sohn. Er galt als Einzelgänger.
Ich hatte wenige Male mit ihm gesprochen (– und war überrascht, wie aufgeschlossen der »Einzelgänger« mir gegenüber war).
Ist es mir gelungen, in dieser Situation das »Treffende« an- und auszusprechen sowie das Evangelium mit seinem Zu(!)- und An(!)-Spruch laut werden zu lassen?

Liebe Angehörige, liebe Trauergemeinde.
Von wem nehmen wir Abschied? Wer war dieser zurückgezogen lebende Mann? Welche seiner Hoffnungen und Enttäuschungen bewegen uns? Was bedeutet uns sein gelebtes Leben? Was sein Tod?
Vielleicht müßten wir stumm bleiben – und in stiller Zwiesprache mit Gott klären, was angesichts dieses Lebensendes von N.N. zu klären ist. Vielleicht müßten wir, jede und jeder für sich bedenken, inwieweit wir mit dem Verstorbenen als Christengeschwister zusammengehörten und auch jetzt noch vor Gott zusammengehören.
Ein Satz aus dem eben gehörten und gebeteten Psalm mag uns helfen, in guter und rechter Weise Abschied zu nehmen von dem vorgestern früh Verstorbenen – und gleichzeitig Gottes Wort an uns aufzunehmen: zum Trost und zur Hoffnung.
»Ich bin ein Gast bei dir, ein Fremdling wie alle meine Vorfahren.« (Psalm 39,13b)
Zu Gast sein. Das ist etwas Vorübergehendes. Ich komme in ein Haus, in eine Familie. Ich werde dort vorübergehend aufgenommen und zähle zu der dort lebenden Hausgemeinschaft.
Während unserer Lebenszeit hier auf Erden sind wir Menschen alle Gäste. Und wenn wir es nicht verdrängen, dann ist uns das auch klar. Wir leben in dem einen Haus Erde – als Gäste Gottes. Auch wenn wir es uns gemütlich einrichten in den eigenen vier Wänden – sind es wirklich »unsere« vier Wände? Und unsere Seele und unser Verstand sagen uns das manchmal, daß das Leben vergänglich und nicht endlos ist in dieser Welt.
Wissen wir diese Gastfreundschaft Gottes zu schätzen? Und bemühen wir uns innerlich darum, uns vorzubereiten auf die ewige Heimat bei Gott?
Als ich N.N. vor wenigen Tagen im Krankenhaus besucht habe, kam die

Rede darauf, daß unser Leben vergänglich ist. Herr N. N. hat ernst genickt. Als ich zu ihm sagte, daß wir ein »viel vollwertigeres« Leben bei Gott erwarten dürfen, ein Leben, das unsere Vorstellungen weit überschreitet nach dem Zeugnis der Bibel, hat er mit Tränen in den Augen noch einmal genickt. Eine deutliche Spur von Hoffnung auf Gott habe ich da erkennen können.
N. N. war, seitdem er allein leben mußte ohne die 1980 verstorbene Mutter und ohne den drei Jahre später verstorbenen Vater, – N. N. war regelmäßiger Gast bei Ihnen, Frau N. N. und Herr N. N.
Sie haben ihn unterstützt, so gut Sie konnten, vor allem in ganz praktischen Belangen. Von daher gesehen, war er eingebunden in Ihre Hausgemeinschaft. Aber es gab auch Grenzen. In vielen Dingen, so sagten Sie mir, ließ er keine Einflußnahmen auf sein Leben zu. Und er äußerte auch wenig zu seinem Inneren, zu dem, was ihn bewegte.
Ein Gast will nicht alles offenlegen ...
Womöglich war das ein Versuch, sich zu schützen und eine eigenständige Souveränität zu bewahren.
Wenn wir Gäste sind in Gottes Haus, dann geziemt es sich, sich den Gepflogenheiten in diesem Haus anzupassen und einzufügen. Sind wir – so gesehen – gern gesehene Gäste bei Gott? Nehmen wir die Hausordnung, nämlich Gottes heilsame Worte an uns, nehmen wir diese ernst und an? Oder leben wir so, als ob uns alles gehörte? Nutzen wir das Geschenk des Glaubens, um uns in Gottes Haus zurechtzufinden und einzugliedern? Sind wir auch immer wieder bereit, uns mit dem Hausherrn zu besprechen?
Ich kann dazu im Blick auf N. N. so gut wie nichts sagen. Außer der Tatsache, daß er mir im Gespräch gegenüber Glaubensbelangen offen begegnet ist.
Ich finde es beispielhaft, wenn in manchen Hotels auch eine Bibel auf dem Nachttisch liegt. Dann ist nämlich klar, daß der Besucher nicht nur in dem Hotel zu Gast ist, sondern in dem einen Haus der Erde zu Gast ist, das Gott gehört.
Die Entscheidung, sich Gott gegenüber verantwortlich zu verhalten, nimmt uns niemand ab. Das ist gut evangelischer Glaube. Der geht nämlich nicht davon aus, daß ein Sakrament uns einfach am Heil beteiligt. Sondern der evangelische Glaube geht davon aus, daß unser Glaube an Gott und unsere innere Einstellung entscheidet, ob wir zu Gott gehören oder nicht ...
Gast ist man nicht immer. Man kehrt irgendwann zurück nach Hause. Ich behaupte, die meisten Menschen spüren das deutlich in sich, daß das richtige Zuhause nicht in uns ist, auch nicht in unseren vier eigenen Wänden. Sonst wären wir nicht oft so unzufrieden. Das richtige Zuhause ist bei Gott. Und diese Hoffnung dürfen wir haben, weil Gott es gut mit uns meint. Und diese Hoffnung beseelt uns von Kindheit an. Dieses Vorläufige, Unstete und Suchende in uns hat der Dichter Hermann Hesse in einem 1906 entstandenen Gedicht so ausgedrückt, ohne dabei von Gott zu reden:

»Immer bin ich ohne Ziel gegangen, / wollte nie zu einer Rast gelangen, / meine Wege schienen ohne Ende.
Endlich sah ich, daß ich nur im Kreise / wanderte, und wurde müd der Reise. / Jener Tag war meines Lebens Wende.
Zögernd geh' ich nun dem Ziel entgegen, / denn ich weiß: auf allen meinen Wegen / steht der Tod und bietet mir die Hände.«
Hesse redet nicht davon: Aber steht im Hintergrund die Vorstellung, daß Gott am Ende unseres Gast-seins auf uns wartet?
N. N. war arbeitsam, bis er dann mit 48 Jahren Rentner wurde. Vielleicht hat er seine Gesundheit nicht genügend geschont ...
Nach der Schule ging er gleich mit 14 zur Arbeit, anfangs in Wittgenborn, zum Schluß in Breitenborn. Aber meistens blieb er für sich. Wenn er nach etwas Persönlichem gefragt wurde, wich er aus und soll geantwortet haben: »Geht niemanden etwas an«. Sein Gesundheitszustand verschlechterte sich zusehends in den letzten beiden Jahren. Krankenhausaufenthalte und Heimunterbringung wurden notwendig. Das hängt für mich irgendwie mit dem zweiten Teil des Psalmwortes zusammen: Fremdling sein wie die Vorfahren. Wenn wir krank werden, spüren wir, wie wir seelisch im eigenen Körper fremd sind. Denn eigentlich wollen wir viel lieber gesund bleiben, sehnen uns also nach etwas anderem. Es ist dann schwer zu akzeptieren, daß unser Körper uns deutliche Grenzen setzt, während unsere Seele unter der Erkrankung leidet, sich gleichzeitig aber etwas Besseres vorstellen kann.
Manchmal spüren wir, daß wir Fremde sind. Wir erkennen unsere Unbehaustheit, merken, daß selbst das Zuhause nicht die endgültige und wahre Heimat ist. Unsere Vorfahren wußten darum. Sie waren in den piemontesischen Alpen auch Fremde, weil sie auf ihrem Glauben beharrten und auf Gott hofften. Sie kamen hierher und waren wieder Fremde. Und sie wußten, daß die irdische Existenz nicht das letztlich Entscheidende ist. Was ist schon diese kurze Zeitspanne Leben angesichts der Zeit des Kosmos und angesichts der Ewigkeit Gottes? Es bedarf eigentlich keiner weiteren Argumente dazu.
Der von Gott gesandte Retter Christus zeigt uns, daß Gott uns aus der Fremde heimholen will, daß unser Gästestatus ans Ende kommen soll – wenn wir glauben, wenn wir das Wort Gottes achten, wenn wir uns auf die Zehn Gebote, die zehn Wegweiser, einlassen.
»Gott lehre mich doch, daß es ein Ende mit mir haben muß und mein Leben ein Ziel hat und ich davon muß«, so heißt es auch in diesem Psalm. Die Macht des Todes ist gebrochen. Denn nach drei Tagen erscheint der Auferweckte seinen JüngerInnen. Gott zeigt damit: Das von ihm geschenkte Leben ist nicht unterzukriegen.
Welche Hoffnung!?
Wir wagen es, mit dieser Hoffnung unseren verstorbenen Bruder, N. N., zu begraben. Wir lassen uns diese frohe Botschaft Gottes angesichts des Todes sagen und gewinnen so neuen Lebensmut. Amen.

Wir dürfen Gott an unserer Trauer beteiligen

Text: Psalm 55,23   *Berthold W. Haerter*

Zur Situation
Der Verstorbene war 52 Jahre alt und seit früher Kindheit an den Rollstuhl gebunden. Seine Familie tat alles, um ihm eine gute Ausbildung anbieten zu können. Er war Computerfachmann einer bedeutenden Firma und verstarb unerwartet. Zum Bibeltext stellte ich den Text der Todesanzeige: »Wer im Gedächtnis seiner Lieben lebt, der ist nicht tot, der ist nur fern«.

Liebe Trauerfamilie X!
Liebe Gemeinde!
Mahatma Gandhi, John F. Kennedy und Martin Luther King haben alle etwas gemeinsam. Alle drei Männer starben, weil man ihre Ideen eines gewaltlosen Widerstandes töten wollte. Die Mörder haben aber genau das Gegenteil erreicht. Die Männer sind zwar tot, ihre Ideen leben aber weiter. Sie haben sich sogar noch verbreitet und sind ein Fundament für mögliche Veränderungen in dieser Welt geworden. Diese drei Männer leben im Gedächtnis der Welt weiter. So sind sie nicht tot, sondern nur fern.
Übertragen wir dies auf unsere heutige Situation, auf uns als Trauerfamilie, Freunde, Arbeitskollegen und Bekannte von N.N., so ist das Beispiel und der Spruch der Traueranzeige ein Auftrag an uns: »Wer im Gedächtnis seiner Lieben lebt, der ist nicht tot, der ist nur fern«.
Als Bruder und Mutter haben Sie 52 Jahre den unerwartet Heimgegangenen begleitet. Sie, als Bruder sind mit ihm aufgewachsen. Sie haben Freuden, wie das Velofahren und Leiden, wie die vielen Spitalaufenthalte, die Besuche dort und das Heimholen und wieder Fortbringen per Bahn während der Ausbildung, geteilt. Das Leben Ihrer Familie war auf das Leben mit N.N. eingestellt. Sie haben Rücksicht aufeinander genommen und Ihr Bruder, Schwager und Sohn hat es zu schätzen gewußt, in seiner Invalidität nicht abgeschoben zu sein. Im Gedächtnis wird Ihnen Ihr Familienmitglied, mit dem Sie so eng zusammengelebt haben, bleiben. Und auch Sie, als Arbeitskollegen, sollen, wie es der Spruch sagt, ihn im Gedächtnis behalten. Ihnen und Ihrem Betrieb hat N.N., einfach indem er da war, wohl mehr Menschlichkeit gegeben, als man zunächst glaubt. Er war der erste Vollinvalide im Betrieb, zu einem Zeitpunkt, an welchem es fast unmöglich war, ihn einzustellen. Wieder war es der Bruder, der N.N. den Weg in Ihren Betrieb öffnete. So wurde N.N. Ihr Mitarbeiter, der für Sie viel geleistet hat. Seine Ideen und seine Art sind es, die bleiben werden. Diese Ideen sind, wie bei den oben genannten Männern, nicht tot. Sie bleiben als Erinnerungen und können in uns und unserem Handeln weiter leben und uns verändern.

N. N. lebt in Ihnen weiter, in jedem Wort, was er zu ihnen gesagt hat, in jedem Gedanken, den er an sie weitergegeben hat und jeder Handlung, die Sie im Betrieb, als Familie, als Nachbarn oder Bekannte weitergebracht hat.
N. N. ging nicht freiwillig aus diesem Leben. Für ihn, wie für uns kam der Tod plötzlich und unerwartet. Wir können dieses unerwartete Sterben nicht einfach wegwischen. Wir müssen damit leben. Mit dem Tod kommen Fragen auf. Fragen, die wir stellen, die wir berechtigter Weise stellen. Warum kam der Tod so plötzlich? Warum gerade jetzt, wo er doch scheinbar alle Probleme seines körperlichen Leidens durch die Karriere überwunden hatte? Weshalb mußte er sterben, wo man doch gerade wieder einen neuen lebenswerten Platz für ihn in der Familie einrichten wollte?
Wem sollen wir diese Fragen stellen, wenn nicht Gott? Wem sollen wir die Fragen stellen, wenn nicht dem, der die zwei Daten im Leben eines jeden setzt, die Geburt und den Tod. Der Konfirmationsspruch unseres verstorbenen Bruders N. N. fordert uns geradezu auf, Gott diese Fragen hinzuwerfen. »Wirf Dein Anliegen auf den Herrn ...«
Das Psalmwort ruft uns auf, an unserem ganzen Schmerz, an unserer Trauer und Unverständnis Gott zu beteiligen. »Wirf Dein Anliegen auf den Herrn ...«, fordert uns auf, Gott unsere Sorgen und Zweifel mitzuteilen. Ihn dürfen wir wissen lassen, was uns bedrückt. Ihm brauchen wir auch nichts, was wir Menschen kaum zu sagen wagen, zu verschweigen, denn in Gott haben wir einen Gesprächspartner, der uns gut zuhören kann. Wir dürfen Gott an unserer Trauer beteiligen. Das kann etwas Entlastendes für uns haben, denn wir stehen nicht mehr allein da. Gott kann und wird uns helfen, daß wir wieder neuen Mut fassen, den Kopf heben und ein bißchen besser atmen können, ohne daß wir den Verstorbenen aus unserem Gedächtnis streichen müssen. Gott, das ist sein Versprechen in diesem Psalmwort, wird sich um uns kümmern.
N. N. wird mehr Kräfte zum Leben gebraucht haben, als wir alle. Aber er hat bis zum Schluß gekämpft. Sein Konfirmationsspruch wurde ihm einmal bewußt auf den Weg mitgegeben:
»Wirf dein Anliegen auf den Herrn, er wird dich versorgen;
er läßt den Gerechten nimmer wanken.«
Der Psalmbeter des 55. Psalm schreit im gesamten Psalm nach Geborgenheit, nach einer Nische und einer gewissen Vertrautheit in dieser für ihn schwierigen Welt. Diese Nische, diese Geborgenheit sprach ihm Gott im eben verlesenen Vers zu: Gott wird dich versorgen. Er läßt dich nicht wanken. Diese Nische, diese Geborgenheit und Vertrautheit hatte N. N. in seiner Familie gefunden. Dies ist ein Grund, in aller Trauer auch dankbar zu sein. Dankbar für das, was der Konfirmationsspruch N. N. zugesagt hat: Geborgenheit, eine Nische in dieser für ihn noch schwierigeren Welt und eine Vertrautheit zu Personen, die ihm beistanden.
Gott hatte N. N. hier, in dieser Welt versorgt. Er hat ihn versorgt, durch Menschen, die mit ihm lebten. Nun ist es an uns, diesem Gott auch zu ver-

trauen. Denn Gottes Macht besteht nicht nur darin, daß er uns in dieser Welt versorgt, sondern Gottes Macht geht über unsere Welt hinaus, in die Welt, wo unser heimgegangener Bruder jetzt ist. Es ist eine uns unbekannte Welt, eine Welt, die wir erst nach dem Tod erleben werden. Wir dürfen aber auf den Gott vertrauen, der N. N. in dieser neuen Welt versorgt.

Gott sorgt für uns alle und wird die Gerechten nicht wanken lassen, wie es das Psalmwort sagt:

»Wirf dein Anliegen auf den Herrn, er wird dich versorgen;
er läßt den Gerechten nimmer wanken.«

Aber wer ist schon gerecht? N. N., war er gerecht, oder Sie, die Sie mit ihm zusammengelebt haben, waren Sie gerecht? Dieses kleine Wörtchen »Gerechte« ist das, was uns mit dem Verstorbenen weiterhin verbindet.

Für den Reformator Martin Luther war dies ein großes Problem. Wer ist vor Gott gerecht? Dies fragte er sich immer wieder. Luther fand durch die Bibel, daß Gerechtigkeit im menschlichen Sinne etwas anderes ist als eine Gerechtigkeit, die vor Gott gilt. Vor Gott sind wir alle Menschen mit Fehlern, mit großen und kleinen. Gott spricht uns aber zu Gerechten, indem er uns diese Fehler vergibt, weil er uns wohl will. Er spricht uns gerecht, in dem Moment, wo wir ihm vertrauen. Die Gerechtigkeit, die vor Gott gilt, nimmt jeden, der an ihn glaubt, an.

Gott verspricht uns, daß er uns aus Gnade und Barmherzigkeit nicht wanken lassen wird. Gott wird uns Kraft, Ruhe, Geduld und Sensibilität schenken, wieder neu mit dem Leben anzufangen, ohne daß wir den vergessen, um den wir trauen. Vertrauen wir auf den Gott, von dem gilt:

»Wirf dein Anliegen auf den Herrn, er wird dich versorgen;
er läßt den Gerechten nimmer wanken.«

Hoffnung entdecken und dankbar werden

Text: Psalm 62,6+7 *Frank Niemann*

Zur Situation

Die Eheleute sind im Abstand von zwei Stunden im Krankenhaus verstorben. Er (68 Jahre) war seit längerer Zeit schwer krank, sie (70 Jahre) war kurze Zeit im Krankenhaus. Beide waren sehr aufeinander angewiesen.

Im 62. Psalm aus dem Alten Testament heißt es: »Aber sei nur stille zu Gott, meine Seele; denn er ist meine Hoffnung. Er ist mein Fels, meine Hilfe und mein Schutz, daß ich nicht fallen werde«.

Liebe Angehörigen und liebe Trauergemeinde!
Anteilnahme, Trauer, Erschrecken, Nachdenken, als es sich herumgesprochen hatte im Ort. Viele hat es beschäftigt, daß da zwei Menschen, die so lange zusammengelebt haben, praktisch zur gleichen Zeit gestorben sind. A. und B. Y. sind gestorben, und wir sind hier zusammengekommen, um von ihnen Abschied zu nehmen.
Besonders für Euch und Sie als Angehörige, als Kinder, als Enkel, als Geschwister ist es schwer in diesen Tagen und heute besonders. Denn es ist ein endgültiger Abschied nach einem besonders in der letzten Zeit schweren Weg, der sich Ihnen und Euch eingeprägt hat. Da war viel Stille und Ruhe, da war mehr Angst und Fragen. Sie kümmern manchmal bis an die Grenze der Kraft, weil die beiden Hilfe brauchten, Zuwendung, Nähe, und sie auch bekamen.
Mir selbst ist seit gestern eine Geschichte aus der griechischen Sagenwelt des Altertums nicht mehr aus dem Sinn gegangen. Da wird von Philemon und Baukis erzählt, einem Ehepaar, dem aufgrund ihres erfüllten, zufriedenen und rechtschaffenen Lebens von den Göttern ein Wunsch gewährt wird. Sie wünschen sich, einmal gemeinsam zu sterben. Und so geschieht es. Die beiden legten sich, als sie die Zeit kommen fühlten, auf die Stufen des Tempels und schliefen dort friedlich ein.
Diese Sage, liebe Angehörige und liebe Trauergemeinde, weiß davon, wie schwer es ist, wenn nach langer Zeit einer vor dem anderen sterben muß. Sie sagt: Es ist eine Gnade, wenn beide nach einer erfüllten Zeit zur gleichen Zeit sterben dürfen.
Viele von uns werden das nachfühlen können. Aber bei allem Tröstlichen, was diese Erzählung ausstrahlt: Es ist nur ein Teil unserer Erfahrungen. Was dort erzählt wird, weiß nichts von der Schwere, dem Erschrecken, die der Tod mit sich bringt. Weiß nichts von denen, die zurückbleiben und auch nichts davon, wie schwer die Zeit schon vorher werden kann. Aber trotzdem: 48 Jahre waren die beiden verheiratet. Eine lange Zeit hatten sie gemeinsam, lebten ganz eng zusammen und aufeinander angewiesen. Zunächst in S. und dann seit 25 Jahren in B. in der P.-Straße.
Wenn wir jetzt daran denken und vielleicht in der Stille vor Gott überlegen, was alles das bedeutet, wenn wir an die gemeinsamen Jahre denken, trotz allem, wie es in der letzten Zeit war: Ist das nicht wirklich ein Geschenk? Vor ein paar Jahren schon war der Ehemann schwer krank geworden und danach die Ehefrau. Auch hier ist es vielleicht so: Ihre letzten gemeinsamen Jahre waren wie ein Geschenk, geschenkte gemeinsame Zeit. Gemeinsame Zeit, die für den einen in Ostpreußen begann und für die andere in Oberschlesien. Gemeinsame Zeit als Eheleute mit den drei Kindern und den Enkeln. Gemeinsame Zeit in der Familie, der ihre ganze Sorge galt durch die schlechten Zeiten hindurch bis beinahe zuletzt.
Wieviele Erinnerungen mit den beiden im Mittelpunkt, die mit buchstäblich nichts neu anfangen mußten, mit Arbeit beim Bauern und für den Ehe-

mann dann 25 Jahre im Kaliwerk K. Erinnerungen sind es an die viele Arbeit im Feld und Garten und an das Verarbeiten der Ernte im Haus. Wie sehr hat er sich gefreut, wenn alles wuchs und gedieh. Und wie war er stolz darauf, wenn er ernten konnte nach der vielen Arbeit damit und wenn die Tiere wuchsen und gediehen und mit den Tauben alles gut war.

Und wieviele Erinnerungen sind es an ein bescheidenes, genügsames, zurückhaltendes Leben, das die beiden mehr zurückgezogen für sich führten in Haus und Garten und in der Familie, mit genau aufgeteilten Rollen die Jahre hindurch.

Unterschiedliche Erinnerungen sind es für Euch und Sie als Kinder, die sich auf die Eltern verlassen konnten, denen sie halfen, wo es möglich war, auch für Euch als Enkelkinder, die ihr zum Teil bei ihnen aufgewachsen seid. Erinnerungen an Eure Großeltern, so wie sie für Euch dagewesen sind.

Vieles davon ist bei Euch als Angehörigen überdeckt von dem, was aus der letzten Zeit vor Augen steht und oft die Gedanken und Gefühle nicht zur Ruhe kommen läßt. Beide wurden zunehmend krank, waren oft im Krankenhaus. Mehr und mehr eingeschränkt und auf Hilfe angewiesen, und sie bekamen die Nähe und Zuwendung, die sie brauchten. Da war es eine schwere Zeit für die Eheleute, daß ihre Kraft nachließ und zu Ende ging, und besonders für Euch und Sie als Angehörige, weil immer deutlicher wurde, daß da keine Hilfe mehr war. Und so war die letzte Zeit schon ein Abschiednehmen. Gesten und Worte waren vom Abschied geprägt. So, wie Ihr es erzählt habt, waren zuletzt beide zufrieden mit dem, was hinter ihnen lag. Und als seine Frau gestorben war, war es für den Ehemann, als könne auch er nun das Kämpfen aufgeben.

»Aber sei nur stille zu Gott meine Seele; denn er ist meine Hoffnung. Er ist mein Fels, meine Hilfe und mein Schutz, daß ich nicht fallen werde.«

Das »aber«, mit dem diese Worte aus dem Psalm beginnen, deutet es an, liebe Angehörigen und liebe Trauergemeinde, diese Stille vor Gott ist nicht leicht und einfach zu haben. Besonders bei Ihnen und Euch als Angehörige jetzt nicht. Aber mit der Zeit wird es auch stiller werden. Und die Gedanken werden zur Ruhe kommen, so wie es auch bei dem Beter des Psalms gewesen ist. Er hat dann Hoffnung entdeckt und ist dankbar geworden.

Und vielleicht kann das auch so sein bei Ihnen und Euch, bei Angehörigen, bei Bekannten, bei uns als Trauergemeinde, daß wir Hoffnung entdecken angesichts des Todes, weil alles an dem gelebten Leben der beiden aufgehoben und aufgenommen sein wird bei Gott, daß es in der Stille vor ihm zur endgültigen Ruhe finden kann. Gott wird sie auch im Tod nicht fallen lassen.

Und Gott wird auch für uns, die zurückbleiben, Hilfe und Schutz sein angesichts des Todes. Zur Ruhe und Stille können wir finden vor ihm. Und ich denke, aus dieser Stille heraus wird die Dankbarkeit wachsen für das, was Ihr und Sie als Angehörige und als Bekannte an beiden hattet.

Gott nehme Conny an

Text: Psalm 69,2–4.6–7.14.17–18 *Heinz Behrends*

Zur Situation
Der Verstorbene, 49 Jahre, war ein Wohnungsloser in der City Hannovers. Betrunken lief er mit seinem Freund vor einen Vorstadt-Zug. Beide waren auf der Stelle tot. Die Trauergemeinde war eine große Versammlung von Obdachlosen und Sozialarbeitern. Gebet und Lesung hielt der Caritas-Pfarrer.

Gut, daß wir alle hier sind.
In Verbundenheit mit Conny.
Wir zeigen unsere Traurigkeit über seinen Tod, wir zeigen unsere Achtung vor ihm. Wir zeigen unseren Zorn, und wir beten für ihn heute.
Wir sind traurig.
Traurig, weil er auf so elende Weise umkommen mußte. Manche von Ihnen waren noch in den Tagen davor mit ihm zusammen. Sie können nicht begreifen, daß er nicht mehr lebt.
Und wir sind traurig um unsertwillen.
Wie wird es uns einmal ergehen? Wo werde ich sterben? Wird dann jemand bei mir sein?
Wir zeigen unsere Achtung vor ihm.
Ein hartes Leben von fast 50 Jahren war das. Er hat hier in unserer Stadt gelebt, seinen Beruf erlernt und ausgeübt. Maschinenschlosser war er. Er war verheiratet, er war Vater. Seit 16 Jahren hat er Platte gemacht. Auf der Straße. Ein hartes Leben. Das bedeutet: sich demütigen lassen. Kameraden suchen, sich allen Umständen aussetzen, aber auch frei sein.
Man muß sehr klug sein, wenn man Platte macht. Sich durchsetzen können, aber sich auch im richtigen Augenblick zurückhalten. Conny konnte das. Sich mit lauter Stimme Gehör verschaffen und Platz. Dann brüllte er lauter als alle anderen. Aber er konnte auch verständig zuhören, sich zurückziehen.
Man muß sehr klug sein, wenn man Platte macht. Conny war klug. Nur sein Alkoholkonsum war nicht klug.
Die Bomben haben ihm nicht gut getan. Weil man betrunken unklug handelt im Überlebenskampf.
Wir sind traurig und zeigen unsere Achtung vor seinem Lebenskampf.
Und wir sind zornig.
Zornig, daß in unserem Land, das Möglichkeiten für alle hat, Menschen hinten herunter fallen. Daß das Recht auf Wohnung nicht eingelöst wird. Daß alle, die Platte machen, gefährdet sind durch Menschen, die ihre Aggressionen ausleben an ihnen, sie als Freiwild in der Nacht betrachten. Nicht umsonst ist ja bei Euch die Befürchtung im Raum, die beiden könn-

ten dort in der Nähe des Bahndammes bedroht worden sein und sie seien panisch geflüchtet und vor den Zug gerannt.
Auch wenn das nicht stimmen sollte, ist das doch ein Zeichen, wie schutzlos und bedroht Ihr Euch fühlt.
Wir sind traurig, zeigen unsere Achtung und sagen unsern Zorn.
Und wir beten für Conny.
Erhöre mich, wende dich zu mir in deiner Barmherzigkeit, erlöse mich, heißt es im Psalm.
Wir wissen niemand anderen, dem wir sagen können, was wir empfinden als Gott. Er hört unser Klagen, unser Schimpfen und Bitten. Das glaube ich.
Gott nehme Conny an.

So viel Gutes!

Text: Psalm 103,2 *Hans-Hermann Blettgen*

Das Wort des Psalmisten spiegelt einen Wesenszug von N. N.: Dankbarkeit! »Gutes!« Zu diesem Stichwort wären Sie, Frau E., Ihrem Mann zuerst eingefallen. Dann Sie, die Kinder, Schwiegerkinder und Enkel. Und schließlich wir, die Verwandten, Freunde, Kollegen. »Gottesgeschenke« waren wir für ihn – und zugleich und nicht weniger Adressaten seiner fürsorglich mahnenden Worte! Ich sehe ihn vor mir: Den Zeigefinger leicht erhoben schaut er uns aus seinen gütigen Augen lächelnd, aber eindringlich an. Ich höre ihn sagen: »Lobet den Herrn, und vergeßt nicht, was er Euch Gutes getan hat!« Im engeren Familienkreis hätte er vermutlich gesagt: »Laßt uns den Herrn loben, meine Lieben, und nicht vergessen, was er uns Gutes getan hat!« »Uns!« – Er wußte Sie und sich – auch über seinen Tod hinaus – »von guten Mächten wunderbar geborgen«. Ich kann mich nicht erinnern, daß er anläßlich meiner Besuche in den vergangenen anderthalb Jahren einmal nicht eine oder mehrere Zeilen aus Dietrich Bonhoeffers gleichnamigen Gedicht zitiert hätte.
In Ihrem Kreis hätte er das Psalmwort wahrscheinlich persönlich zugespitzt: »Lobe den Herrn, liebe N. N., und vergiß nicht, was er uns beiden Gutes getan hat!« Ich ergänze: »Durch unsere gemeinsamen Jahre. Besonders aber durch unsere große Nähe in den letzten Monaten und Wochen. Z. B. in den Stunden, in denen wir an unserem schön gedeckten Frühstückstisch vor dem großen Fenster im Wohnzimmer saßen. Wir haben miteinander geredet und geschwiegen, gelacht und geweint. Und wir haben uns an den Händen gehalten wie früher. Das, was wir gemeinsam durchlebt

haben, wird Dir bleiben. ›Gutes!‹ – Durch unsere Kinder, Schwiegerkinder und Enkel. Sie werden Dir bleiben, und all die anderen, die heute hergekommen sind, werden Dir bleiben. Und alle werden fortfahren, Dir ›Gutes‹ zu tun. Darin bin ich sicher. ›Gutes!‹ – Die wunderbare Geborgenheit in den gütigen Händen unseres Gottes, durch die wir beide und lebenslang getragen wußten und getragen wissen, dieses ›Gute‹ wird Dir und es wird mir über meinen Tod hinaus bleiben. ›Die Geborgenheit ist ja da. Strecke Deine Arme aus. Öffne die Handflächen nach oben und spüre sie‹«. Und weiter: »Lobet den Herrn, Ihr, meine Kinder, und vergeßt nicht, was er Euch Gutes getan hat!« Ich ergänze: »Durch Eure Mutter. Wenn Ihr sie nicht vergeßt, werdet Ihr damit Gottes Guttaten nicht vergessen, die er durch Eure Mutter an Euch tat und weiterhin tun wird. Übertragt Eure Liebe zu mir auf die Liebe zu Eurer Mutter. Sie ist die Frau, die ich geliebt habe und die ich ›vom Himmel herab‹ immer lieben werde.«
Nicht gesagt hätte er vermutlich, jedenfalls nicht ernsthaft: »Lobet den Herrn, meine Lieben, und vergeßt nicht, was er Euch durch mich Gutes getan hat!« So hätte er aus persönlicher Bescheidenheit nicht reden können und wollen. Sie, Frau N. N., haben es dann für Ihre Familie ausgesprochen: »Lobet den Herrn, und laßt und nicht vergessen, was er uns durch ihn so unendlich viel Gutes getan hat!« Sie haben das Wort »unendlich« stark betont. Momente später fügten sie zögernd und mit leiser Stimme hinzu: »Das konnte nicht gutgehen! Noch mehr ›Gutes‹ hätten wir einfach nicht ertragen.« Sie erzählten dann von dem Dammbruch des Nicht-Guten: Von dem Augenblick, da Ihnen gesagt wurde, daß die Krankheit Ihres Mannes eine Krankheit zum Tode sei. Von seinem und Ihrem verzweifelten Aufbäumen. – Als Arzt schätzte er seine Situation realistisch ein. – Von seinem und Ihrem Schwanken zwischen Verzweiflung und Hoffnung. Von der Zeit, da der Spannungsbogen Ihrer Hoffnung immer kleiner wurde: aus Wochen wurden Tage, aus Tagen Stunden, aus Stunden Augenblicke. Und doch deuteten Sie an, daß nach und nach in alldem auch etwas anderes für Sie beide spürbar geworden wäre: Eine bisher unbekannte, täglich wachsende Nähe zueinander. Tiefenschichten Ihrer Beziehung, die früher – im beruflichen Alltag – verborgen bleiben mußten. » ›Gutes‹ auch darin.« Sagen Sie heute.
»Gutes!« – Jetzt wäre der Augenblick, von den vielen anderen gemeinsamen Jahren zu reden. Von der Zeit als Sie sich kennenlernten bis hin zu Ihrer Heirat. Von der Zeit der Geburt Ihrer Kinder. Von der Zeit mit Ihren Kindern.
Ich wende mich Ihnen zu: »Gutes!« – War das nicht die Zeit Ihrer »unbelasteten Kindheit«? Und später die Zeit, in der Ihr Vater Sie verständnisvoll getragen und ertragen hat? Die Zeit, in der Ihnen seine pädagogischen »Konsequenzen« unverständlich erschienen? Die Zeit, da Sie ihm nächtens – nach seiner Rückkühr von Hausbesuchen – »auflauerten«, um ihn in lange Diskussionen zu verwickeln? Und er? Er zog sich den Mantel aus,

holte eine Flasche Wein aus dem Keller und stellte sich Ihrem politischen Eifer. Eine Zeit voll von Widerstand, von Mißverständnissen und Irrtümern. Dann die Zeit des allmählich wachsenden gegenseitigen Verständnisses? Darin schließlich die Zeit, da er sich von Ihnen bis zum – buchstäblich – letzten Atemzug getragen wußte? Sie zogen einmütig die Bilanz: »Wir hatten einen guten Vater«. Und: »Unsere Eltern haben uns zum ›Guten‹ geprägt«. – »Gutes!« Der Zeit in E. verdanken Sie Ihre starke familiäre Bindung. Und das trotz der Turbulenzen, die die ärztliche Praxis Ihres Mannes und Vaters damals und dort für Ihre Familie mit sich brachte. – »Gutes!« Von der anschließenden ruhigeren Zeit in K. wäre noch zu reden. Z. B. von Ihrer liebevoll und sorgfältig bis ins Detail gestalteten Alterswohnung. Das Wort »gestalten« verweist auf ihn. Es gehörte zu ihm und vermittelt etwas von seiner Art zu reden, zu denken, zu schreiben, zu leben. Ebenso wie er es verstand, Ihr gegenwärtiges Familienleben zu gestalten, gestaltete er die Vergangenheit Ihrer Familie für deren Zukunft. Er schrieb Ihre Familienchronik. Sein »Alterswerk nannte er sie lächelnd. »Wir sind nicht zufällig die, die wir sind. Besinnen wir uns auf unsere Wurzeln, so werden wir vieles an uns und unseren Eltern bzw. Kindern genauer sehen. Und das hat Konsequenzen für unseren Umgang miteinander.« Das sagte er mir und gab mir den Rat, wenigstens stichwortartig die Familienereignisse eines Jahres aufzuschreiben und mit den entsprechenden Dokumenten – Briefen, Einladungen usw. – zu sammeln und abzuheften. Ich befolgte seinen Rat. – »Gutes!«
Neben E. und K. wären noch andere Orte zu nennen, wo Ihnen »Gutes!« widerfuhr. B. z. B.! Nach B. zog es Sie immer wieder. Seiner geliebten Stadt aus früheren Tagen. Sein preußisches Erbe hat er nie verleugnen können und wollen. – »Gutes!« Und nicht zuletzt S. und auch S. immer wieder. Jährlicher Treffpunkt Ihrer Familie. Ort glücklicher gemeinsamer Wochenenden. – »Gutes!«
»Gutes!« – Ich denke, daß Sie, die Verwandten, die Freunde, die Kollegen, hier noch manches aus dem Zusammenleben, aus dem Zusammentreffen, aus der Zusammenarbeit mit Herrn N. N. zu erzählen wüßten.
»Gutes!« – Im Namen unserer Kirchengemeinde möchte ich dafür danken, daß er uns sein Fachwissen zugute kommen ließ. Er war Mitglied des Diakonieausschusses und mehrerer Gesprächskreise.
»Gutes!« – Ehemalige Patienten erzählten mir, daß er ein »Hausarzt« im hergebrachten Wortsinn gewesen sei. Immer zu Hausbesuchen bereit. Außerdem: Ein Arzt, der seine Patienten und deren Familien noch persönlich gekannt habe.
Er selbst nannte sich »Treppenterrier«, d. h. Arzt »auf der Treppe«, Arzt »auf dem Weg« zu den Kranken! Eine Selbstbezeichnung, die auf sein Berufsethos schließen läßt.
»Lobe den Herrn, meine Seele, und vergiß nicht, was er dir Gutes getan hat!« Diese Folgerung aus den vielfältigen Erfahrungen seines Lebens hat

er nicht erst in den letzten anderthalb Jahren gezogen. Aber in den letzten anderthalb Jahren ist ihm stärker als je zuvor bewußt geworden, welch ein übervolles Maß an »Gutem« ihm und Ihnen von Gott zuteil wurde. Diese Einsicht trieb ihm täglich Tränen der Dankbarkeit in die Augen.

Vergiß nicht ...

Text: Psalm 103,2–5 *Wolfgang Gerlach*

Die erste Lateinstunde begann in Leipzig für den Zehnjährigen nicht mit amo, amas, amat, sondern mit dem Dictum aus den epistulae morales des Jüngeren Seneca, wie es dem Sextaner nunmehr bis zur Oberprima auf dem Schulweg ins Auge fallen sollte: Dort oben, ins Fries des Gewandhauses gemeißelt, war zu buchstabieren: RES SEVERA VERUM GAUDIUM.
Diese Inschrift hat der Krieg mit dem ganzen Gebäude vernichtet. Und was damals die Fassade zierte, ist heute Schriftzug im Innenraum, eingerahmt vom Prospekt der Orgelpfeifen.
Zur pädagogischen Einfühlsamkeit des Lateinlehrers könnte es gehört haben, daß er diesen Satz, an dem man damals vorbei- oder vorübergehen, aber auch *unter* dem man hergehen konnte, nicht einpaukte, sondern ihn, wie bei Seneca im 23. Brief wörtlich beginnen ließ mit: »Mihi crede«: »Glaube mir, eine ernste Sache ist eine wahre Freude«.
In diesem »glaube mir« steckt kein moralischer Zeigefinger, kein objektivierter Wahrheitsanspruch, sondern die Mitteilung und Preisgabe von persönlicher Erfahrung. Aus Erfahrung kann nur sprechen, wer gezeichnet ist, gezeichnet von Leid und Lust, von Tiefe und Höhe, von res severa und gaudium verum.
Und diese beiden Pole wollte N. N. immer in Spannung und zusammenhalten, damit das Ernste nicht vom Heiteren, das Schwere nicht vom Leichten getrennt werde. Denn Freudentränen fließen mit Trauertränen sichtbar aus denselben Kanälen – manchmal gar zu selben Zeit, so daß du nicht immer unterscheiden kannst zwischen diesen beiden Tränenquellen von Trauer und Freude. Diese Synopse des »Ebse«, wie ihn Freunde nannten, gehörte wohl zur ars vitae, zur Lebenskunst des N. N., einer Kunst, die immer wieder zur Gestalt des Humors gerinnen wollte.
Es wird Geheimnis bleiben, ob der Hinweis des Lateinlehrers auf diesen in Stein gefaßten Spruch sich in die Wurzeln des kleinen N. N. eingrub und ihn lebenslänglich prägte, oder ob seiner Seele die Wahlverwandtschaft zu diesem Satz seines römischen Anwaltskollegen von Geburt an eigen war

und gleichsam in diesem Wasserzeichen seiner Seele die Tiefe seines Wesens zu entziffern war.
Aber was wissen wir schon darüber, was in unserem Leben uns eigen ist und was und wer uns später prägte! Da waltet wohl eine nicht zu entschlüsselnde Korrespondenz von Sein und Werden, von Gewesensein und Gewordensein, von Fundus und Verwandlung in uns allen. Und dieser Korrespondenz haben sie beide, der N. N. und seine N. N. Ausdruck verliehen durch die Inschrift in ihren Eheringen: In seinem Ring ist eingeprägt die »res severa«; und ihrem Ring ist beigegeben das »gaudium verum«.
So hat sich die vom Schöpfer vielleicht gedachte Verbindung von res severa und gaudium verum zu einer ehelichen »Ring«-Parabel sui generis verschmolzen, zur Parabel eines integrierten Lebens, das durchpulst ist vom Wechselspiel zwischen Polen, die einander nicht ausschließen, sondern nur voneinander und miteinander leben: im Innehalten und Weitergehen, im Wägen und Entscheiden, im Erinnern und Vorausplanen. Es sieht so aus, als sei das Erinnern die Hauptquelle für sein Handeln gewesen, ein Erinnern, das sich in Dankbarkeit verwandelte. Dankbar für die mannigfaltigen Rettungen aus dem Krieg, dankbar für ein immer wieder Durchkommen. »Vier mal bin ich schon gestorben«, wußte er zu erzählen, und vier mal – so könnten wir ihn übersetzen – hat er Auferweckung erlebt.
Aus diesem Grunde ist geheimes Thema dieser Stunde der Anfang des 103. Psalms: Vergiß nicht, was er dir Gutes getan. Vergiß es nicht. Denn das Gute enthält beides: die res severa des Leides und der Verzweiflung sowie das gaudium verum der Erfüllung und der Hoffnung. Beides – Beglückung und Bedrückung vermag der Herrscher über Himmel und Erde in eines zu verschmelzen. Und dieses eine nennen wir das Gute, weil es sich nachträglich für uns als gut erwiesen hat.
Weil N. N. das Gute und die Güte, die er erfahren hat, nie vergessen konnte und wollte, erwuchs in ihm die Haltung zur Dankbarkeit. Und er fühlte sich als Überlebender des Krieges herausgerufen und verpflichtet, der Dankbarkeit Gestalt zu verleihen durch die Tat.
Es ist hier nicht der Ort für eine Statistik der guten Taten. Aber wohl ist hier der Ort und jetzt die Stunde, wo Anwesende aus der Nähe und Abwesende aus der Ferne als Empfänger solcher Güte ihre guten Gedanken heimlich vor den Sarg legen. Wir haben vorhin die Passage aus der Matthäus-Apokalypse gehört, wo die Toten zur Rechten vor den Richter treten und ganz erstaunt sind, wie der König ihre Taten würdigt. Ich stelle mir vor, daß dort nun auch N. N. in der Schlange derer steht, die ganz überrascht sind, wen sie da alles besucht und bekleidet, getröstet und gestärkt, versorgt und versöhnt haben. An die große Glocke hing er das hienieden nicht. Deshalb hängen's die Engel droben ins himmlische Geläut.
Aber wenn wir sagen, er sei ein dankbarer Mensch gewesen, wäre ja zu fragen: Wem gegenüber war er dankbar? Wie nannte er die Instanz? Hat er den Namen offengelassen, um den Höchsten oder sich selbst nicht festzulegen?

Hat er ihm viele Namen gegeben, so wie das Geliebte tun: für verschiedene Gelegenheiten einen anderen Namen? Da mag Heinrich Böll weiterhelfen, dem er sich geistig und deshalb wohl auch religiös verwandt fühlte, wovon eine kleine Korrespondenz zwischen beiden zeugt. »Dr. Murkes gesammeltes Schweigen«, besonders eingebunden und vom Autor signiert, findet sich bei N. N. unter den von ihm besonders geschätzten Büchern: Prof. Bur-Malottke, eine essayistisch-philosophisch-kulturelle Nachkriegs-Autorität, in religiösem Überschwang ein wenig eilfertig in den Schoß der Kirche zurückgekehrt, hatte in einer Hörfunksendung von »Gott« gesprochen. Freilich hatte er nach eigenem Bekunden inzwischen religiöse Bedenken bekommen; denn er fühlte sich »für die religiöse Überlagerung des Funks mitverantwortlich«. Und so solle das Wort »Gott« ersetzt werden durch den Begriff: »jenes höhere Wesen, das wir verehren«.

Einem Herrn Dr. Murke wird vom Intendanten die Aufgabe übertragen, den Professor die 37 Male, wo »Gott« vorkam, neu besprechen zu lassen – und zwar in allen Casus: des Gottes, jenes höheren Wesens, das wir verehren; dem Gott, dem höheren Wesen, das wir verehren etc., einschließlich Vokativ: O Gott, du höheres Wesen, das wir verehren! Gott also für alle Fälle!!

Egal, wie die Geschichte jetzt weitergeht – aus N. N.'s Freude an solch hintergründigen Satiren sprach doch wohl, daß er mit Böll das Gefühl der Zwiespältigkeit gegenüber dem üblichen Umgang mit Gott teilte. Es wurde auch für ihn zu viel und zu abgedroschen über das Himmlische geredet. Schweigen schien ihm hier probater. So mag sein Herz mehr für Dr. Murke geschlagen haben, der sich in das Schweigen einer Mitarbeiterin so verliebt hatte, daß er von ihr forderte, sie möge ganze Tonbänder für ihn »überschweigen«. Und so nahm er das auf Band live aufgenommene Schweigen dieser Funksprecherin mit nach Hause und hörte es sich an: das Schweigen!

Am Ende seiner Tage hat N. N. seiner Gegenwehr gegen alles religiös Unechte die Einwilligung zu einem Gebet hinzugefügt und die liebevolle Hand seiner Tochter, die da mit ihm zusammenbetete, auf seine Stirn gezogen mit der wortlosen Bitte, daß sie ihn segne. Es ist, als ob sich hier noch einmal Dr. Murke zu Wort meldete: gegen die opportunistische Religiosität des Professors Bur-Malottke hatte er heimlich und verstohlen ein Bildchen, das seine Mutter ihm geschickt hatte, zwischen Tapete und Türfüllung geklemmt. Darauf stand: »Ich bete für dich in St. Jacobi«.

So ging seine letzte Weltreise, die er seit einem Jahr mit seiner Frau geplant hatte, auf ganz andere Weise zu Ende. Das geplante Datum der Rückkehr fiel zusammen mit seiner Heimkehr in eine neue Welt – durch den Tod. An die Stelle der Weltreise traten nun Gelegenheiten, noch einmal, wie so oft, zu überdenken und dankbar zu erinnern, was »Er dir Gutes getan hat« – auch und gerade dort, wo sich das Gute einst mit schwer Verständlichem gemischt hatte: Die Gegensätze hatten sich ja längst in ein Wechselspiel von Befremdung und Bewahrung verwandelt:

Der »Kommunistensohn« löste neben Unverständlichem auch Stolz im Vater aus! Aus Streit, wo die Fetzen flogen und jeder Federn ließ, wurden Freunde, die Gefallen an den Federn des anderen fanden – bis der Sohn mit dem Vater, der Vater mit dem Sohn sich schmückte.
Der jahrhundertealten Feindschaft zwischen Deutschen und Franzosen hatte N.N. den Protest angesagt und sich dem Rausch der Frankophilie anheimgegeben. Der sechzigjährige Großvater erlernte noch mit allen Mitteln und Mühen die französische Sprache.
Sein Lernen diente in allen Beziehungen, in denen er sich befand, dem Ziel, die Gegensätze in sich und um sich zu versöhnen – und dies mit einer Passion, als habe er selbst den Kampf der Polaritäten mitverschuldet, als laste eine Schuld auf ihm. Versöhnen wollte er mit leidenschaftlicher Hingabe: Die Deutschen mit den Franzosen, den Vater mit den Kindern, die Naturwissenschaft mit der Geisteswissenschaft in Herdecke, anfallende Kontroversen im Lions-Club, wo der Anwalt der Rechte als Chef der Statuten zur schlichtenden Instanz wurde.
Vergiß nicht, was der Höchste dir Gutes getan hat – dieser Satz hatte als tiefste Übersetzung die Form: Vergiß nicht, was er dir Gutes getan hat mit deiner N.N. Sie war dir verum gaudium, wenn du in der res severa zu versakken drohtest. Sie fügte deinem gaudium ihre Prise res severa hinzu. Und es gab auch Zeiten, wo ihr das verum gaudium gemeinsam potenziertet. Das alles geschah im Spannungsfeld von Rausch und Reflexion, von Krach und Contenance.
Sieben Wochen lang lebte der vom Tode Gezeichnete aus der Hoffnungsenergie seiner Frau – bis er das Ende sich ersehnte. Große Kreise zog sein Arm, immer wieder, bis die engsten Vertrauten das Zeichen verstanden und es sich von ihm bestätigen ließen: Nun ist das Leben rund und vollendet. Siebzig Jahre sollten es schon sein. Siebzig zählte der Vater, als er starb. Und selber hatte er die Siebzig als Ziel der früheren Jahre nun schon überschritten und war also eingetreten in die Bannmeile des 90. Psalms.
Jeder Tag war seit dem Siebzigsten, den wir mit ihm so ausgelassen zelebrierten, wie eine Zugabe. Ja, er fühlte sich – um die Sprache des Psalmdichters aufzunehmen – mit Gnade und Barmherzigkeit gekrönt. Und wie oft in seinem Leben wurde, nach Krisen und Konflikten, der Nachsatz des Psalmsängers zur beglückenden Gewißheit: Daß der voller Dankbarkeit im Himmel Gepriesene »deinen Mund fröhlich macht und du wieder jung wirst wie ein Adler«.
Nehmen wir Abschied von ihm in der Gewißheit, daß der Höchste ihm wie uns allen »alle Schuld vergibt und heilt unsere Gebrechen« und zurechtbringt, was zu Bruch ging. Deshalb lobe den Herrn, meine Seele, und vergiß nicht, was er dir Gutes getan hat. Vergiß nicht ...

Unvergessen

Text: Jesaja 43,1b *Wolfhart Koeppen*

Zur Situation
Begräbnis einer alten Frau – mit erstaunlich vielen Besucherinnen und Besuchern, die fast überrascht waren von ihrem Tod.

99 Jahre und 9 Monate alt ist sie geworden, die A. S., und es hätt' niemanden gewundert, wenn sie auch noch die hundert geschafft hätte.
Da haben manche gedacht: Der Herrgott hat sie vergessen. Dann und wann hat sie's selber gesagt. So lange Jahre als Witwe allein im alten Haus. Und dann noch einmal so lange im Altenheim! Zuletzt war sie sehr schlecht beieinander. Hat nichts mehr gehört und fast nichts mehr gesehen. Und sie war, wie manche alten Leut', sehr sehr mißtrauisch. Das machte die Verständigung mit ihr doppelt schwierig, eine richtige Unterhaltung war kaum mehr möglich.
Sie hat sich den Tod gewünscht, ja, hat darum gebetet, sterben zu dürfen. Nun hatte der Herrgott ein Einsehen. Er hat ihr diesen letzten Wunsch erfüllt: »Fürchte dich nicht, denn ich habe dich erlöst; ich habe dich bei deinem Namen gerufen; du bist mein!«
Ich denke, es ist gut, dann und wann auch das zu erleben: das Sterben als Teil des Lebens. Den Tod als ein Stück Schöpfung. Natürlich. Selbstverständlich. Beinah freundlich. Einfach ein Werk Gottes wie alles, was uns umgibt und uns widerfährt. Gott vergißt niemanden. So gilt ihr Konfirmationsspruch auch noch in einem tieferen Sinn.
Sie war eine einfache Frau. In Ortenburg geboren und aufgewachsen, ist sie bis auf die letzten schweren Jahre im Altenheim nie aus ihrem Heimatort herausgekommen. Schule, Lehrzeit als Näherin, dann frühe Heirat mit einem Bindermeister, gemeinsame Arbeit im bescheidenen Geschäft – ein einfaches, bescheidenes Leben, dem nicht einmal Kinder geschenkt wurden. Da gab's nicht viel Aufregendes im Haus an der Fürstenzeller Straße. Nichts, was die Zeitung oder auch nur das örtliche Gerede beschäftigt hätte. Und doch: Auch dieses einfache, normale, durchschnittliche Leben war ein Leben aus Gottes Hand, von Gott geachtet, geliebt, beschützt, begleitet und gesegnet. Es sind nicht die berühmten Namen, auf die Gott besonders achtet. Nein, umgekehrt: Wen Gott bei seinem Namen ruft, der oder die ist aller Ehren wert: »Ich habe dich bei deinem Namen gerufen, du bist mein!«
A. S. hat das wohl gewußt, grad weil sie nach außen hin so gar nichts von sich hermachte. Sie lebte – so haben Sie mir erzählt – in einer einfachen, schlichten Frömmigkeit. Und hatte gerade damit uns Jüngeren einiges voraus. Da war der Glaube kein Festgewand für heilige Zeiten oder besondere Augenblicke im Leben, sondern ein Stück Alltag. Da war Gott selbst und

seine Nähe so selbstverständlich wie das ganze übrige Leben. Nicht umsonst hat sie in den alten Gesangbuchliedern gelebt, daß sie fast hundert auswendig konnte. Ich stell' mir vor, daß ihr das oft auch über die Beschwernisse des Alters hinweggeholfen hat.
Nun hat Gott sie zu sich geholt. Ganz und endgültig. Über den letzten Stunden und über den Tod der A. S. leuchtet noch einmal Gottes Zusage, sein Versprechen: »Fürchte dich nicht, denn ich habe dich erlöst; ich habe dich bei deinem Namen gerufen; du bist mein!« Dieser Gott vergißt keinen – im Leben nicht und im Sterben erst recht nicht.
Wer sich das gesagt sein läßt, ist ein Leben lang geborgen. Mehr noch: Ist für Zeit und Ewigkeit gut aufgehoben bei einem gnädigen Gott, der jeden Tag, erkannt und unerkannt, an unserer Seite ist.

Erfahrung von Gnade mitten im Hadern

Text: Jesaja 54,10 *Sigrid Lunde*

Zur Situation
Beerdigung einer 78jährigen Frau. Ein Frauenschicksal des 20. Jahrhunderts, dem viele gleichen.

Liebe Trauerfamilie, liebe ganze Trauergemeinde,
vielleicht haben solche Augenblicke in unserem Leben so spürbar Gewicht, weil ihnen – anders als den leichten – das Gewicht der Ewigkeit anhaftet. Und wir wollen diesem Gewicht der Ewigkeit in dieser Stunde standhalten. Der Sarg vor uns, die Erfahrungen der vergangenen Jahre, die Eindrücke der letzten Monate und Wochen im Altersheim scheinen zunächst vor allem von Vergänglichkeit zu reden – unerbittlich von der Hinfälligkeit unseres menschlichen Lebens und Miteinanders.
Ein Leben, das sich einmal zu aller Unverwechselbarkeit aufbaute, ist vor unseren Augen nach 78 Jahren zusammengefallen. »Es sollen wohl Berge weichen und Hügel hinfallen.«
Der großen Todesstunde gingen die kleinen Todesstunden voraus, die letzte anmahnend. N. N. war in diesen Jahren nicht mehr die Frau, die in der Kriegs- und Nachkriegszeit sich wie eine Mutter Courage mit Feldarbeit durchgeschlagen hatte. Sie war auch nicht mehr die Frau, die noch einmal kurze Zeit aufgeblüht war im eigenen Beruf auf der Kinderstation in der Diakonie. Die Zeit in Berlin, wo sie den Beruf der Säuglingsschwester erlernt hatte, wurde hier wieder lebendig. Während einer

Silvesterfeier hatte sie damals ihren Mann kennengelernt, N. N. Er war nicht mit offenen Armen im holländischen Elternhaus aufgenommen worden.
Und es gab auch zwischen den Verlobten Unsicherheiten, und es gab dann auch Schwierigkeiten in der Ehe. N. N. versuchte sie für sich so zu lösen, daß sie sich dem Mann voller Willens- und Überzeugungskraft unterordnete, der in der Zeit des Nationalsozialismus in Diez und später in Bad Kreuznach es zu verantwortungsvoller Stellung und viel Anerkennung brachte. Wo immer er das Wort nahm, war er aller Aufmerksamkeit sicher. N. N. fand neben ihm immer weniger Worte. Sie stand aber wie ein Fels in der Brandung ein für die Kinder, half ihnen zu bestehen vor der starken Persönlichkeit des Vaters. Es gibt in jedem Leben die Berge von Wünschen und Hoffnungen und Sehnsüchten, und es gibt die Berge von Leid und Verzweiflung. In einem seiner großen Bilder stellt Georg F. Watts die Hoffnung als eine Gestalt dar, die mit traurig geneigtem Kopf auf dieser Erde hockt und eine einzige unzerrissene Harfensaite schlägt – nur diese einzige von den vielen ist ihr geblieben. N. N. haderte in langen Jahren, als sie – sich in der Gestalt wiedererkennend – eine ungeschönte Bilanz ihres Lebens zog. Wofür hatte sie sich so oft über ihre Kraft abgemüht, sich verbraucht? Sie weinte, als sie die Schlüssel zurückgeben mußte, weil nun die Kräfte nicht einmal mehr für die kleinen Gänge einer »grünen Dame« ausreichten. Und dann reichten sie auch nicht mehr, die eigene Wohnung in Ordnung zu halten. Sie reichten nicht mehr für neue Ziele und Kontakte im Altenkreis, im Altenheim. Aber dann kamen noch die Wochen, wo sie wieder »danke« sagen konnte, wo sie – immer schwächer und vergeßlicher werdend – die Hilfe und Nähe der Kinder, Enkelkinder und Heimbewohner wieder suchte und fand.
Es gibt das Hinfallen der Berge und Hügel an spürbaren Wendepunkten des Lebens, und es gibt schließlich das langsame, fast unmerkliche Hinfallen. Am Ende fällt das Leben selbst wie ein Berg, wie ein Hügel. Sie haben, liebe Familie N. N., dieses Ende in diesen Tagen erlebt. Und Sie haben in diesem Ende – so sagten Sie mir – nicht nur ein Ende, sondern auch neue Anfänge des Miteinanders freundlich erfahren.
»Meine Gnade soll nicht von dir weichen, und der Bund meines Friedens soll nicht hinfallen, spricht der Herr, dein Erbarmer« – so heißt es in unserem Jesajawort. Es gibt die Erfahrung von Gnade mitten im Hadern, und es gibt die Erfahrung von Frieden im Unfrieden unseres Lebens. Es gibt die Erfahrung, daß etwas nicht hinfällt, wo alle anderen Dinge hinfällig werden. »Der Bund meines Friedens soll nicht hinfallen.« In zahlreichen Bildern und Worten wenden sich die biblischen Verheißungen an die Einbildungskraft unseres Herzens und Glaubens, und wir beginnen plötzlich in aller Begrenztheit und Vergänglichkeit dieser Erde über ihnen etwas von der Weite des Himmels, von der Ewigkeit zu ahnen. Vielleicht gehörte zu solchen Augenblicken für N. N. auch der letzte gemeinsame Weihnachts-

abend, als sie über der Bibellesung von Heinz Rühmann die Bilder der Weihnachtsgeschichte für sich bewegend neu entdeckte? »Es sollen wohl Berge weichen und Hügel hinfallen, aber meine Gnade soll nicht von dir weichen, und der Bund meines Friedens soll nicht hinfallen.« Wer sich durch solche biblischen Bilder und Worte nicht ansprechen läßt, schreibt einmal Mathias Claudius an seinen Glaubensvetter Andres, der muß sehen, wie er ohne sie »sich raten kann«. Ich und du, wir brauchen das – schreibt er weiter – wir brauchen Bilder und Worte, die uns »heben und halten, derweil wir leben. Und wir brauchen den, der uns die Hand unter den Kopf legt, wenn wir sterben, und das kann unser Gott überschwenglich nach dem, was er verheißen hat, und wir wissen keinen, von dem wir's lieber hätten«.
Der Sarg, das Grab, – sie reden von Vergänglichkeit und Ende. Sie können aber in Augenblicken wunderbarer Entgrenzung auch von Gnade, Frieden und Ewigkeit laut zu reden beginnen. Und sie sollen nicht mehr aufhören, davon zu reden. Amen.

Ein junger Mensch mag nicht mehr leben

Text: Jesaja 54,10 *Ingrid Keßler-Woertel*

Zur Situation
N.N., 25 Jahre, Student; ein ernster, verschlossener Mensch. Die langjährige Beziehung zur Freundin ist ein paar Monate vor seinem Tod in die Brüche gegangen. Enger Kontakt N.N.'s zur Mutter. Ohne Vorankündigung, ohne Abschiedsbrief beging N.N. Suizid.

Liebe Familie N.N., liebe Verwandte, Freunde, bekannte von N.N.!
Wenn man einen lieben Menschen, einen Menschen, den man wirklich liebgehabt hat, zu Grabe tragen muß, dann ist das ein unendlich schwerer Gang. In einem sind so viele Gefühle wie Trauer, Tränen, Weinen und Abschiedsschmerz. Aber es ist das einzige, was man für den geliebten Menschen noch tun kann: an ihn denken, die Erinnerungen an ihn fest in sich behalten.
Vor 10 Jahren wurde N.N. – hier in unserer Kirche – konfirmiert. Der Konfirmationsspruch – ein Bibelvers, der in N.N.'s Familie schon so etwas wie eine Tradition hat –, dieser Vers war aus dem AT, dem Jesajabuch: »Es sollen wohl Berge weichen und Hügel hinfallen, aber meine Gnade soll nicht von dir weichen (und der Bund des Friedens soll nicht hinfallen), spricht der Herr, dein Erbarmer.«

Von der Gnade Gottes spricht der Bibelvers, aber wie unendlich schwer fällt es heute, diesen Vers nachzusprechen. Eigentlich kann es keiner von uns fassen. N. N. ist tot. Endgültig und unwiederbringlich muß heute Abschied genommen werden. Ein junger Mensch, 25 Jahre alt, kurz vor Beendigung seines Studiums, mag nicht mehr leben. Und er scheidet aus diesem Leben. Gott spricht: »Meine Gnade soll nicht von dir weichen.« Kann man das jetzt auch sprechen? Viel eher möchten wir schreien, weinen: »Du, Gott, warum läßt du einen Menschen denn so viel Leid tragen, daß es es nicht mehr aushält?!«

Wie können wir da noch von Gnade sprechen, von deiner Gnade? Ich denke, uns allen geht es ähnlich angesichts des Todes von N. N. Wir wehren uns innerlich dagegen, mit einem frommen Spruch die Wirklichkeit zu übertünchen. Man kann sich doch nicht so einfach von einem Augenblick zum anderen mit einem billigen Bibelspruch trösten lassen. Dazu sind die Familie und die Freunde von N. N. viel zu fassungslos, zu betroffen und auch zu ratlos. Uns fällt auf: wir nehmen so manche Todesanzeige einfach zur Kenntnis. Wir sagen: Das ist der Lauf der Welt. Das Leben geht weiter. So können wir heute, hier beim letzten Abschied von N. N., nicht reden. Das ist es ja auch, was so anrührt und aufrührt. Man versucht, dem Gedanken an Sterben und Tod aus dem Weg zu gehen – aber mit diesem Tod bricht er mit Gewalt in unser Leben ein: Jetzt, da wir Abschied nehmen müssen von einem sehr sensiblen jungen Mann.

Geboren wurde Christian in XY, der Beruf des Vaters hatte die Familie für ein paar Jahre dorthin geführt. »N. N. liebte XY«, haben Sie, die Eltern, mir gesagt. »XY, das war eigentlich seine Heimat . . .« Heimat im Herzen, können wir sagen. Später dann: V., hier ging er zur Schule, Konfirmandenunterricht, Konfirmation, Schule, das Studium in B. Immer wieder Krankheiten. Viele Operationen schon als kleines Kind mußte N. N. über sich ergehen lassen. »Nie hat er sich beklagt«, hat die Mutter gesagt. Aber so viele Krankheiten und Schmerzen gehen auch nicht spurlos an einem Menschen vorbei, eher ist es so: Krankheiten und Leiden prägen einen Menschen.

»Es sollen wohl Berge weichen und Hügel hinfallen, aber meine Gnade soll nicht von dir weichen«, sagt Gott durch den Propheten Jesaja. Klingt das nicht beinahe wie Hohn, heute, hier?

Wo ist denn Gott bei einem Menschen, der so an seinem Leben leidet? Das sind doch viel eher Fragen, die einem durch den Kopf gehen. »Wo ist denn die Gnade und der Gott, der bei den Menschen sein will?«

Gottes Gnade hört mit dem Tod eines Menschen nicht auf. Es ist so: Wenn das Schlimmste, was wir uns vorstellen können, ja, wenn für uns Berge umfallen und Hügel hinfallen, wenn Dinge geschehen, die wir nicht begreifen können, wenn ein Mensch stirbt – etwas, das wir kaum begreifen können, auch dann hört Gottes Macht nicht auf. Vielleicht setzt Gottes Gnade dann ein. Gott läßt keinen Menschen los, dann, wenn wir einen Menschen loslassen müssen, weil er tot ist, dann ist Gott noch immer bei ihm. Dann ist

er – in der alten Kirchensprache sagt man – »in Gottes Gnade geborgen«. Oder wir können auch sagen: Er hat den Frieden für sich gefunden. Der Tod zerstört menschliche Gemeinschaften, aber die Gemeinschaft Gottes mit einem Menschen kann der Tod nicht zerstören.
Wir wollen uns halten an die Worte aus der Offenbarung Johannes: »Es gibt einen neuen Himmel und eine neue Erde. Gott wird abwischen alle Tränen von den Augen der Menschen, es wird kein Tod mehr sein, noch Leid, noch Schmerz! Und Gott wird sprechen: Siehe, ich mache alles neu!«
Und so wollen wir N. N. in Gottes Frieden geborgen sein lassen.

Der neue Name

Peter Godzik

Losung für den 22. Juni 1994: Du sollst mit einem neuen Namen genannt werden, welchen des Herrn Mund nennen wird. (Jesaja 62,2)
Lehrtext dazu: Wer überwindet, dem will ich geben von dem verborgenen Manna und will ihm geben einen weißen Stein; auf dem Stein aber steht ein neuer Name geschrieben, welchen niemand kennt, als der ihn empfängt. (Offenbarung 2,17)

Liebe Frau N.N.! Lieber Herr N.N.!
Liebe Angehörige und Familie, liebe Trauergemeinde!
N. N. trägt einen neuen Namen im Himmel bei Gott, so sagen uns die biblischen Texte für den heutigen Tag. Der neue Name bedeutet eine neue Existenz frei von aller Last seiner Behinderung. Er darf ausruhen im Frieden bei Gott, weil er überwunden hat. Gott wird ihn nähren mit himmlischer Speise und ihm einen weißen Stein geben, auf dem sein neuer Name steht.
N. N. so nennen wir ihn immer noch mit seinem irdischen Namen, der für Sie so vertraut klingt und mit dem sich eine so lange gemeinsame Geschichte verbindet.
Sie waren ungefähr so alt wie Ihr Sohn jetzt geworden ist, Herr N.N., als N. N. geboren wurde. Er bekam eine Schwester, als er zwei Jahre alt war. Als er das Laufen gelernt hatte, fiel Ihnen zuerst auf, daß etwas nicht ganz in Ordnung sein könnte. Dann stellte sich heraus, daß er eine sehr ernste, zum frühzeitigen Tode führende Krankheit hatte: progressive Muskeldystrophie. Sie erfuhren es am Telefon in Koblenz, wo Sie schon einige Monate getrennt von Ihrer Frau und Ihren Kindern lebten. Eine zeitlang nahmen Sie aus der Ferne an der Entwicklung von N.N. teil, bis dann sein

Schicksal von einem Tag auf den anderen ganz nah an Ihres heranrückte und Sie miteinander verbunden blieben bis zu seinem Tod und über den Tod hinaus.

Ihre erste Frau verunglückte im Februar 1980 tödlich auf eisglatter Straße. Am selben Tag noch nahmen Sie die Kinder zu sich und Ihrem Vater, der Ihnen half, den neuen Alltag mit den Kindern zu bewältigen, bis Sie ein zweites Mal heiraten konnten und N.N. und N.N. in N.N. eine neue, fast gleichaltrige Schwester bekamen.

Sie werden den Tag nicht vergessen, als N.N. bei einem Ausflug in den Heidepark Soltau plötzlich zusammenbrach und sich nicht mehr auf den eigenen Beinen halten konnte. Nun begann wieder eine neue Zeit mit neuen Herausforderungen. N.N. mußte in den Rollstuhl. Er hat es schwer damals gehabt, sein Schicksal anzunehmen. Mitschüler hänselten ihn, er kämpfte verzweifelt um Ihre Aufmerksamkeit, auch mit den untauglichsten Mitteln. Aber dann fanden Sie das Internat und die Staatliche Schule für Körperbehinderte in Damp, wo N.N. bis zu seinem Tod gelebt hat.

Schon damals war es so, als hätte er einen neuen Namen und eine neue Existenz bekommen. Er war jemand unter all den behinderten Menschen, der geachtet und geschätzt wurde. Sie haben mir die Bilder gezeigt vom zehnjährigen Bestehen der Helen-Keller-Schule. Jedes Kind bekam ein besonderes Album, und an den Buchstaben von N.N.'s Namen entlang haben seine Lehrer und Betreuer seine besonderen Eigenarten in liebevoller und auch humorvoller Weise erwähnt. Er hatte seinen eigenen Kopf, er konnte schon mal vergeßlich sein, er liebte den Sport, besonders den Fußball, er war ein glänzender Theaterspieler und Conferencier bei Versteigerungen, er ging gern mit auf Reisen, er wuchs allmählich in eine wichtige und verantwortungsvolle Rolle hinein. Nach seiner Konfirmation in der Kirche von Karby, seinem Hauptschulabschluß in Damp und einem Berufspraktikum in Husum arbeitete er in Büro und Schule mit und entwickelte sich, wie Sie mir gesagt haben, zum bestinformierten und verschwiegensten Mitarbeiter des Internats und der Schule für Körperbehinderte in Damp. Daß heute so viele Lehrer, Mitarbeiter und Schüler aus Damp hier sind, ist ein Zeichen der großen Wertschätzung für Ihren N.N.

Sie haben viel gelernt von Ihrem Sohn, haben Sie mir gesagt, Herr N.N. – zuletzt mit welchem Mut einer sein Sterben annehmen kann in der sicheren Hoffnung und Erwartung eines Lebens nach dem Tode. Sie bewundern N.N. dafür, daß er die künstliche Beatmung nach seiner Lungenembolie und dem drohenden Herzstillstand abgelehnt hat. »Ich habe so entschieden«, haben Sie als seine Äußerung über seine Todesanzeige gesetzt und darin all Ihren Respekt zum Ausdruck gebracht vor der großen Tapferkeit und dem unglaublichen Mut Ihres Sohnes. Er war eigentlich schon klinisch tot auf der Intensivstation in Eckernförde, wohin man ihn gebracht hatte. Er erholte sich wieder für eine kurze Zeit und sagte: »Es geht mir gut.« Und dann ist er friedlich eingeschlafen.

Es kommt Ihnen so vor, als habe er Ihnen noch eine Botschaft übermitteln wollen von der himmlischen Ruhe und dem Licht, das er gesehen hat. Er ist vorausgegangen, er hat gesehen, was ihn erwartete, er spürte, daß er frei sein würde von aller Behinderung – das hat er Ihnen noch mitgeteilt als sein Vermächtnis, und dann ist er friedlich eingeschlafen. Sie können jetzt ganz fest glauben, daß es ein Leben nach dem Tode gibt – eine Freiheit und Freude bei Gott.

»Du sollst mit einem neuen Namen genannt werden, welchen des Herrn Mund nennen wird.« (Jesaja 62,2) Und: »Wer überwindet, dem will ich geben von dem verborgenen Manna und will ihm geben einen weißen Stein; auf dem Stein aber steht ein neuer Name geschrieben, welchen niemand kennt, als der ihn empfängt.« (Offenbarung 2,17)

Wir kennen N. N.'s neuen Namen bei Gott nicht. Aber es wird ein ehrenvoller Name sein auf einem weißen Stein für alle die Überwinder nach langer, schwerer Leidenszeit. Es gab auch Schönes und Fröhliches in seinem Leben, Gott sei Dank. Das wird nun verwandelt in ewiges und unbeschwertes Sein vor Gottes Angesicht – eine Fröhlichkeit und Freiheit, die uns trösten will in dieser Stunde des Abschieds.

Gewiß, es schmerzt Sie alle, noch einmal diesen Weg zu gehen und die sterbliche Hülle von N. N. in die Erde zu legen, wovon sie genommen ist. Sein Name aber, sein unbändiger Lebensmut, seine Liebenswürdigkeit ist nun aufgehoben und verwandelt bei Gott. Wir kennen seinen neuen Namen nicht. Aber es wird ein liebevoller Name sein, bei dem Gott ihn nennen wird.

N. N. – so sagen wir immer noch: Es war eine gute und es war eine schwere Zeit miteinander. Du hast alle verwandelt, die Dir nahe waren. Sie werden Dich nicht vergessen – ihr Leben lang nicht. Amen.

»Das Bemühen der Menschen umeinander zählt«

Text: Jeremia 29,11 *Klaus Eulenberger*

Zur Situation
Beerdigung eines schwer alkoholkranken 43jährigen Mannes.

Liebe Frau N. N., lieber N. N., lieber N. N., liebe Verwandte und Freunde, liebe Menschen, die Sie Leid tragen!
Es gibt nicht mehr viel zu sagen heute. Sie haben viel miteinander gesprochen in den vergangenen sechs Wochen, Sie und Ihr, über alles, was geschehen ist und was davor war, ob man noch mehr hätte tun können oder

anderes, ob man das Flasche getan, ja vielleicht die ganze Sache falsch angepackt hat. Sie haben sich müde geredet und sind doch nicht ruhig geworden dabei. Nun ist es Zeit für zwei einfache Sätze: Was geschehen ist, ist geschehen, und: Es ist, wie es ist. Es ist Zeit, sich zu fügen und den Toten gehen zu lassen und den Blick auf kommende Tage zu richten.
Sie haben vier Zahlen aufgeschrieben, liebe Frau N.N.: die Daten Ihrer Geschichte mit dem Mann, den wir nun heute endlich zur letzten Ruhe legen. Jeweils zwei Jahre liegen zwischen Ihrer ersten Begegnung 19.. und der Hochzeit 19.. – und der Trennung 19.. und der Scheidung 19.. Insgesamt waren Sie beide 24 Jahre miteinander beschäftigt. Diese Zeit, die für ihn mehr als die Hälfte seiner Lebenszeit ausmacht, ist ein schwer zu entwirrendes Gemisch aus Lebenslust und Verzweiflung, aus Liebe und Angst, aus Neuanfang und Wiederholung, aus Schrecken, Hoffnung und Schmerzen. Sie haben zwei Kinder miteinander bekommen, N.N. und N.N. Die Beziehung zwischen dem Vater und den Kindern, den Kindern und dem Vater ist vielleicht das Heilste in dem ganzen Unheil dieser Jahre. Ihr habt Euren Vater geliebt, und er hat Euch geliebt; daran jedenfalls gab es nie einen Zweifel. Er hat nach Euch gefragt, Ihr seid zu ihm gegangen, Ihr habt aneinander gehangen und seid einander wichtig und lieb gewesen. Dir, N.N., hat er sich einige Tage vor seinem Tod anvertraut, wie er es vielleicht nie zuvor einem Menschen gegenüber getan hat: »Ich weiß nicht, wo ich bin und wer ich bin, ich weiß nicht, was ich bin und was ich noch soll.« Du hast ihm gesagt, was er ist und was er soll: Euer Vater sein! – und hast ihn inständig gebeten, auf sich achtzugeben, damit Ihr auch weiter einen Vater habt. Du hast die vielleicht bitterste Erfahrung gemacht, die ein Mensch machen kann: daß auch Liebe nicht alles vermag. Und gerade das ist es, was Sie alle erlebt haben, die Sie sich um ihn bemüht haben: Sie haben immer wieder etwas für ihn tun können, aber Sie haben ihn nicht am Leben und im Leben zu halten vermocht. War es denn alles umsonst?
Ich sage: Es war nicht umsonst. In einer der wichtigsten Geschichtenb, die ich kenne (auch in ihr geht es um eine Frau und einen Mann, die sich voneinander getrennt haben, und um ihre beiden Kinder), steht der Satz: »Das Bemühen der Menschen umeinander zählt.« Nicht also unbedingt: was dabei herauskommt. Sondern: daß man es tut, daß man nicht aufhört, sich umeinander zu kümmern und zu bemühen, nicht aufhört zu lieben. Und das habt Ihr getan, das haben Sie getan. N.N., der geschiedene Ehemann, der für seine Söhne nach wie vor ein Vater war, ist in eine Einsamkeit geraten, in der ihn niemand mehr erreicht hat. Aber das lag nicht an Ihnen; Sie haben ihn nicht sich selbst überlassen. Er konnte mit Ihnen sprechen und zu Ihnen kommen, es war Raum für ihn in Ihrem Leben und manchmal sogar in Ihrer kleinen Wohnung, Sie haben sich viel zugemutet und viel auf sich genommen, und das war zumindest in Ihrem Fall, Herr N.N., überhaupt nicht selbstverständlich, Sie hätten ja auch sagen können: Was geht mich dieser Mann an? – Aber es gibt eine Verlassenheit, die niemand auf-

heben kann, auch die Freunde nicht, die N.N. bis zuletzt hatte. Sie alle haben ihm nicht helfen können.

Nun könnte man sagen: Sie alle, Ihr alle habt getan, was Euch zu tun möglich war, und damit muß es gut sein. Aber so einfach geht es wohl nicht: Das Empfinden, schuldig geworden zu sein, läßt sich nicht wegargumentieren. Es hängt auch denen an, die sich wirklich mit allen Kräften bemüht haben. Nun kommt es also darauf an, diese Schuld auf sich zu nehmen und mit ihr zu leben. Nicht, sich von ihr zurückziehen zu lassen in das Vergangene, das uns ja nicht mehr zur Verfügung steht. Sondern: mit dieser Schuld »bekleidet« sich aufzumachen in das Leben kommender Tage und Jahre. Sie werden, Ihr werdet nie mehr das Gefühl haben, »alles« ließe sich machen, wenn man nur tatkräftig zu Werke geht. Es läßt sich eben nicht alles machen, und wir sind nicht die Herren der Dinge. Aber mit diesem Wissen kann man leben und bestehen vor Gott und den Menschen. Vor Gott, der die Menschen, die um ihre Schuld wissen, nicht verwirft und vor den Menschen, die spüren, ob jemand sich auf das lebendige Leben, wie es wirklich ist, einläßt oder nicht. Und darum diese beiden Sätze: Was geschehen ist, ist geschehen (das Vergangene steht nicht mehr zu unserer Verfügung!) und: Es ist, wie es ist. Die Liebe kann sich auch darin zu erkennen geben, daß wir aufhören, uns die Wirklichkeit oder einen Menschen anders zu wünschen, als sie sind. – Ich glaube, daß Sie recht hatten, lieber Herr N.N., als Sie zu N.N. sagten, sein Vater sei nicht allein gewesen im Augenblick seines Sterbens: Gott ist bei ihm gewesen. In ihm wird dieser ruhelose Mensch seine Ruhe finden. Sie aber, und Ihr: Nehmt auf Euch, was nun zu Euch gehört, und lebt in kommende Zeit hinein als beladene Menschen, die frei sind füreinander und für das, was werden will. »Ich weiß«, sagt Gott, »ich weiß, was für Gedanken ich über euch habe: Gedanken des Friedens und nicht des Leidens, daß ich euch gebe Zukunft und Hoffnung« (Jeremia 29,11).

Frieden für Michael

Text: Haggai 2,9 *Klaus Zillessen*

Zur Situation

Michael Sch., 26 Jahre alt, war mit dem Motorrad tödlich verunglückt. Er war Mitglied eines Motorradclubs. Seine Clubkameraden und die von Nachbarclubs standen mit ihren Beifahrerinnen in ihren schwarzen Lederjacken mit hilflosen traurigen Gesichtern um das Grab. Auf dem Rückenteil der Lederjacken waren makabre Clubembleme zu lesen und Aufschriften wie (übersetzt) »Teufelsfahrer« und »Höllenhunde«.

Liebe Angehörigen,
liebe Clubkameraden und Arbeitskollegen von Michael,
Da sind wir hier zusammen mit all unserer Hilflosigkeit, mit unserer Bitterkeit. Dieser unauffällige schreckliche kurze Augenblick, in der das Unglück geschah – und nichts ist mehr rückgängig zu machen!
Wenn wir wenigstens die Spur eines Sinnes entdecken oder dem Geschehen nachträglich einen Sinn geben könnten – aber wie soll das einen Sinn haben, wenn das Leben eines jungen Mannes so plötzlich abbricht, sein beruflicher Werdegang, die neue Wohnung, die er sich gerade eingerichtet hat, eine Freundschaft, die gerade ihren Anfang genommen hatte ... Und nichts von den Erwartungen und Hoffnungen erfüllt sich.
Dann die quälende Frage: Hätten wir es vielleicht irgendwie verhindern können? Bleibt ein Rest von Mitschuld? –
Was erwarten Sie von mir, dem Pfarrer? Ich kann das, was geschehen ist, nicht ungeschehen machen, ich kann es nicht mildern und kann auch keinen Schlüssel zum Sinn des Sinnlosen geben. Auch ich kann mich nur – weil mir nichts andres übrig bleibt – an solch ein Gotteswort halten, das Wort des Gottes, den ich manchmal zu verstehen meine – und in solchen Augenblicken überhaupt nicht verstehe. Wird er *uns* verstehen? Immerhin sagt die Bibel, daß Gott auch seinen Sohn – nur wenig älter als Michael – verlor, am Kreuz, durch einen gewaltsamen Tod. Oder ist das etwas ganz ganz anderes? Gott hört unsere Fragen, Vorhaltungen, Klagen und Vorwürfe. Er sagt dazu nicht: »Halt den Mund«, oder »Paß auf, ich will dir alles genau erklären« und schon gar nicht »Das muß du hinnehmen«. Er sagt nur: »Ich will Frieden geben.«
Ich will Frieden geben – ein rätselhaftes und unbefriedigendes Wort, nicht sehr klar, schwer anzunehmen, jedenfalls im Augenblick, später vielleicht eher, aber jetzt kaum.
Frieden will er geben – Wem will er Frieden geben? Michael? Was für ein Friede soll das sein? Das ist doch hoffentlich nicht dieses fast zynische Gerede vom Tod als »ewigem Frieden«. Das mag zum Tode eines Hochbetagten, lebenssatten Menschen noch passen oder zu einem Leben voller Krankheit und Elend – aber doch nicht zu einem 26jährigen jungen Mann. Gottes Friede für Michael – das müßte so etwas sein wie – daß Gott Michael lieb hat und Liebe spüren läßt, auch jetzt noch und künftig, auf andre uns unvorstellbare Weise. Daß Gott Michael nahe ist, wo wir ihm nur noch in Gedanken nahe sein können. Daß Gott ihn auch jetzt noch beschenkt – und er das spürt. Daß Gott Michaels abgebrochenes, ungelebtes, unvollständiges Leben zu etwas Ganzem macht, zur Erfüllung bringt. (Im Grunde sind wir ja alle darauf angewiesen, daß Gott das Stückwerk unseres Lebens ganz macht und vollendet, selbst wenn wir 89 Jahre alt werden.)
Ich will Frieden geben und ganz machen, was Bruchstück und unvollkommen ist, sagt Gott. Und wir können darauf nur antworten: »Nun tu es auch, lieber Gott, mach ganz und heil, was unvollendet blieb. Und gib auch uns

Frieden, die wir das alles und uns selbst kaum ertragen können. Steh zu uns. Laß uns wieder Vertrauen ins Leben finden. Gib uns jetzt schon soviel Kraft, das alles aushalten zu können. Gib Frieden, wie du versprochen hast, auch wenn wir uns das kaum vorstellen können.
Und Gott bestätigt noch einmal ohne große Erklärungen und Beteuerungen, ganz einfach: Ich will Frieden geben, Michael und euch allen.

Gebet
Vater im Himmel, wie schwer ist das alles. Wir verstehen nichts und entdecken keinen Sinn. Und dennoch bringen wir alles vor dich, was uns quält und bedrückt. Du bist größer als unser Denken. Deiner Gnade vertrauen wir Michael an. Erbarme dich über ihn und über uns. Gib jetzt schon soviel Kraft, daß wir die Gedanken, die auf uns einstürmen, ertragen können. Laß uns allmählich wieder Vertrauen und Frieden finden. Und wenn wir nicht mehr wissen, wie wir beten sollen, dann nimm auch unsere Ratlosigkeit an. Amen.

Sich in Liebe erinnern

Text: Matthäus 11,28 *Lutz Petersen*

Zur Situation
Frau, verheiratet, 54 Jahre. Plötzlicher Tod durch Herzschlag einen Tag nach dem Buß- und Bettag. Sehr engagiertes Gemeindeglied.

Liebe Angehörige, liebe Leidtragende, liebe Trauergemeinde!
Ich möchte diese schmerzliche Abschiedsstunde, die uns allen – auch mir – sehr schwer fällt, unter jenes Bibelwort stellen, das unserer lieben Frau N. N. hier am Altar, nur wenige Stunden vor ihrem plötzlichen und völlig unerwarteten Tod, zugesprochen wurde: »Kommet her zu mir alle, die Ihr mühselig und beladen seid, denn ich will Euch erquicken.« Jesus sagt dieses Wort – wir finden es im Matthäus-Evangelium am Ende einer kurzen Gerichtspredigt, also: in tiefe Dunkelheit hinein und er fährt fort: »Lernet von mir, denn ich bin sanftmütig und von Herzen demütig, so werdet ihr Ruhe finden für eure Seelen. Denn mein Joch ist sanft und meine Last ist leicht.« Diese tiefen Worte haben unzählige Menschen in schier ausweglosen Situationen von Not und Leid viel Stärke und Trost gegeben. Mühselig und beladen – das sind auch wir in diesen Leidenstagen des Abschiednehmenmüssens. Und wir können es eigentlich immer noch nicht recht begrei-

fen, daß Frau N.N. nicht mehr da ist, besser gesagt: nicht mehr leiblich unter uns und mit uns lebt, doch dafür in anderer Gestalt. Paulus spricht von einem geistlichen Leib; wir können uns darunter nichts vorstellen, ahnen jedoch, was das bedeutet: Unsere liebe Frau N.N. ist uns nahe, auch und gerade jetzt, wenngleich ihr Leib in diesem Sarg hier vor uns zur letzten Ruhe gebettet liegt.
Welch ein Abschied: bei vollem Bewußtsein mitten aus dem Leben gerissen durch plötzliches Herzversagen. Die Umstände waren für sie typisch, nämlich anderen zu helfen, für andere da zu sein – egal ob Mensch oder Tier, halt Gottes Kreatur. – Sie rief den Tierarzt um Hilfe für ihren Hund, dem es wohl nicht gut ging. Der Tierarzt kam in die Tür und da geschah's Herzschlag, jede Hilfe kam zu spät, obwohl der Tierarzt sich bemühte und alles Notwendige sofort veranlaßte: Wiederbelebung, Notarzt etc.
Ein viel zu früher Tod! Sie hätte meine Schwester sein können! Oder vielleicht doch nicht zu früh, sondern – für uns zunächst unbegreiflich – zur rechten Zeit? Ich möchte Ihnen und auch mir zu bedenken geben: Es gibt eben Menschen, die in der kurzen Zeit ihres Lebens so segensreich für ihre Mitmenschen wirken, daß, wenn Gott, der Herr, sie dann plötzlich und unerwartet zu sich ruft, man trotz der Kürze ihrer Lebenszeit von einem erfüllten und vollendeten Leben spricht. Erfülltes und vollendetes Leben wird nicht nach Quantität, sondern nach Qualität bemessen. Und dann kommt das Merkwürdige, daß besonders diese Menschen mit ihrer relativ kurzen Lebenszeit sehr viel intensiver, länger und auch lebendiger im Gedächtnis ihrer Mitmenschen festgehalten werden als andere, eben wegen ihrer Art: jung und frisch und doch voller Lebenserfahrung, lebensbejahend, hilfreich und fröhlich, kurz: menschlich zu sein. Und es scheint unsere Logik auf den Kopf gestellt: Ein relativ kurzes Leben, segensreich erfüllt, lebt oftmals länger als ein langes Leben, eben in unseren Gedanken, in unserem liebenden Gedenken an sie. Wir denken an Jesus Christus. Sein schreckliches Ende nach kurzer, aber unendlich segensreicher Lebenszeit hat nicht verhindern können, daß er bis zum heutigen Tag, bis in diese Stunde hinein, mit uns und in uns lebt, daß er uns nicht allein läßt in unserem Leid, sondern uns trägt mit seiner göttlichen Kraft und Liebe, die grenzenlos ist, auch und gerade über den leiblichen Tod, wie in diesem Fall, hinaus.
»Kommet her zu mir alle, die ihr mühselig und beladen seid, denn ich will Euch erquicken. Lernet von mir, denn ich bin sanftmütig und von Herzen demütig.« Es ist gleichsam, als ob Frau N.N. das ihr zugesprochene Wort Jesu an uns zurückgibt, wie eine Einladung an uns: »Kommet her zu mir alle, die ihr mühselig und beladen seid ... lernet von mir, denn ich bin sanftmütig und von Herzen demütig.« Jeder konnte zu ihr kommen mit seinen Sorgen und Nöten, sie hatte stets ein gutes, auch aufmunterndes Wort für andere, ich schließe mich da selbst mit ein. Sie hat von Jesus gelernt, demütig und sanftmütig zu sein. Das haben die Menschen in unserer Gemeinde gespürt, wenn sie mit ihr zusammen waren. Übrigens nicht nur in unserer

Gemeinde, ich denke, das gilt auch für ihre Heimat XY. Sie hat die menschlichen Bindungen dorthin – über ihre Familie hinaus – nie abbrechen lassen, trotz des großen Freundeskreises und der zahlreichen Aufgaben, die sie hier in D. übernommen hatte. Ihr plötzlicher Tod trifft besonders unsere Kirchengemeinde schmerzlich: Sie hat mit ihrer unverwechselbaren Art die Gabe gehabt, sehr schnell bei den Menschen, die sie im Auftrage der Kirchengemeinde (Besuchsdienstkreis) besuchte, Vertrauen und Liebe zu wecken, eben weil sie ihnen ein menschliches Bild von Kirche hat vermitteln können.

Sie merken, liebe Angehörige, liebe Töchter, lieber Ehemann, Sie sind mit Ihrer Trauer nicht allein. Oder anders und vielleicht besser gesagt: Wir als Gemeinde, als Freundeskreis, überhaupt als Menschen, denen sie so unendlich viel Gutes getan hat, in den fast 20 Jahren ihres Hierseins in B., wir lassen Sie, liebe Angehörige, nicht mit Ihrer Trauer allein. Deshalb soll sie unser Kranz auf ihrem letzten Weg zurück in die Heimat, wo sie an der Seite ihrer Mutter bestattet werden soll, übrigens in der Lichterzeit, der Zeit des Advents, begleiten mit dem tröstlichen Wort aus dem »Messias«, das auf dem Grabstein von Händel in London eingemeißelt ist: »Ich weiß, daß mein Erlöser lebt.«

Die Bibel erinnert uns: »Vergiß nicht, was er Dir Gutes getan hat.« Wir können nicht vergessen, was sie uns gewesen ist, wie sie so fest und herzlich mit uns verbunden ist. Beim Abschied wird es einem doppelt deutlich vor Augen gestellt. Ich meine schon, ja ich weiß es, und zwar von ihr selbst, daß man die Mutter nicht vergessen kann, solange man lebt. Es ist sogar so, daß die eilende Zeit ihr Bild immer leuchtender und verklärter werden läßt. Ihr verdanken wir doch viel mehr als nur unser Leben, in uns lebt weiter, was sie uns Gutes getan hat ihr Leben lang.

Frau N.N. und ich führten ausführliche Gespräche nach dem Tode ihrer Mutter, an der sie ja sehr hing (das war für sie wie ein endgültiges Durchtrennen der Nabelschnur). Und im Grunde genommen kommen viele Gedanken dieser Predigt aus unseren Gesprächen, könnte also vieles von ihr selbst gesagt sein. Frau N.N. war eine kritische Gesprächspartnerin und ließ sich mit billigem Trost nicht einfach abspeisen. Das wäre auch nicht in ihrem Sinne, wenn wir das heute tun würden.

Dietrich Bonhoeffer hat einmal gesagt: Es gibt nichts, das uns die Abwesenheit eines lieben Menschen ersetzen kann und man soll das auch nicht erst versuchen, denn durch die unausgefüllte Lücke bleibt man in der alten Gemeinschaft. Je schöner die Erinnerungen, je schmerzhafter der Verlust. Die Dankbarkeit jedoch verwandelt den Schmerz der Erinnerung in eine stille Freude. Man trägt das Vergangene nicht wie einen Stachel, sondern wie ein kostbares Geschenk in sich. (frei zitiert nach Tagebuchaufzeichnungen)

Theodor Fontane hat eine bezaubernde Geschichte geschrieben. Vom Fruchtbringen eines Baumes, aber viel mehr noch: vom Fruchtbringen der

Liebe eines Menschen. Es ist sein Gedicht von Herrn von Ribbeck auf Ribbeck im Havelland. In seinem Garten befand sich ein Birnbaum. Im Herbst, wenn die Birnen weit und breit leuchteten, füllte er nicht etwa seinen Keller damit, sondern seine Taschen. Jungen und Mädchen, die ihm über den Weg liefen, beschenkte er mit den Früchten seines Baumes, seiner Liebe. Das ging viele Jahre so. Eines Tages mußte von Ribbeck sterben. Sein Sohn war anders als er, knausrig und zum Teilen nicht bereit. Aber der alte von Ribbeck hatte sich eine Birne mit ins Grab legen lassen. Nach drei Jahren wuchs aus seinem Grab ein neuer, junger Baum. Die Früchte seiner Liebe gingen nur scheinbar mit seinem Tode zu Ende. Doch sie hatten Frucht getragen auch über seinen Tod hinaus.

Ein erfülltes Leben

Text: Matthäus 22,32 *Helmut Siegel*

Zur Situation
Frau, 61jährig; Tochter kirchenkritisch eingestellt.

Liebe Trauergemeinde und vor allem: liebe Angehörigen!
Daß ich in einem Trauerhaus sitze und die Angehörigen erzählen vom Leben des Menschen, der gestorben ist, das gehört zu meinem Beruf. Oft ist es so, daß ich den Menschen nicht gekannt habe, der gestorben ist. Als Pastor in einer Großstadt kennt man viele nicht, an deren Sarg man dann stehen wird. Daß ich aber da sitze, zuhöre und mir durch den Kopf geht: »Schade, daß du diese Frau nicht gekannt hast«, das passiert nicht oft. Aber so ist es mir am Montag bei unserem Gespräch ergangen. Was Sie erzählten, strahlte noch im Erzählen soviel Leben aus, spiegelte die Faszination wider, die von Ihrer Mutter und ihrer Art ausgegangen war, daß mir deutlich wurde: »Da ist eine Frau gestorben, die voll faszinierenden Lebens war, die gern gelebt hat, die nach heutigen Maßstäben nicht alt geworden ist und deren Leben doch rund erscheint«.
Ja, ich hätte N. N. gern kennengelernt, hätte gern zugehört, wie sie erzählt hätte, vielleicht von ihrer Kindheit, hier in Hildesheim, die durch den Tod der Mutter so ein jähes Ende fand. Denn nun mußte sie, die Halbwüchsige, den Haushalt führen, sich um den 2 Jahre alten Bruder kümmern, so verlangte es ihr Vater. Daß sie damals all ihre Pläne begraben mußte, nicht Hebamme werden konnte, wie sie es sich wünschte, das schmerzte, auch noch bis heute, aber es hat sie nicht bitter gemacht.

Vielleicht hätte mir Ihre Mutter mehr von der Ehe erzählt, in die sie flüchtete und die ihr bei allem Unglück in dieser Ehe doch die Kinder schenkte, die sie als das Wichtigste in ihrem Leben betrachtete.
Ich denke, Sie hätte mir deutlich machen können, wie schwer das war, dann nach dem frühen Tod des Mannes, 5 Kinder großzuziehen, abends in der Gastwirtschaft zu arbeiten, tagsüber für die Kinder dazusein, immer wieder den Nachfragen des Jugendamtes zu begegnen und immer zu wenig Schlaf. Und dann das Bemerkenswerte: Sie sah das ja weder als Last an, noch klammerte sie sich an die Kinder, für die sie jahrelang sich selbst zurückgestellt hatte, sondern als sie groß waren, meldete sie ihre Bedrüfnisse an, ließ sie gehen, drängte geradezu auf Selbständigkeit. Sie hatte niemals die Fähigkeit verloren, allein, selbständig leben zu können, und das wollte sie dann auch, als es ging.
Das wenige, was ich vom Leben Ihrer Mutter weiß, macht mir deutlich, daß es ein volles, ja erfülltes Leben mit Akzenten war, mit Reisen ans Meer, mit Arbeit für andere, alte Menschen, mit Besuchen bei Ihnen, ihr Verhältnis zu Ihnen war herzlich und liebevoll, eher ein freundschaftliches Verhältnis als ein Mutter-Kind-Verhältnis, sie hörte zu, beriet, aber ließ Ihnen die Freiheit zur Entscheidung, und so sehr sie sich an Ihnen und an den Enkeln freute, so sehr brauchte sie dann auch wieder Distanz, das Alleinsein, das Alleinleben.
Ein Mensch, der gern lebte – das war N. N., auch dann noch, als sie vor 2 Jahren die Diagnose gestellt bekam: »Lymphdrüsenkrebs«. Vielleicht war diese Zeit gerade die von ihr am intensivsten gelebte, in der Auseinandersetzung mit und im Kampf gegen diese Krankheit. Sie wollte zeigen, daß man mit Krebs leben und Krebs auch überleben kann. Das letztere ist ihr nicht vergönnt gewesen, aber für das erste hat sie nicht nur Ihnen ein beeindruckendes Beispiel gegeben. Nein, sie hat den Tod noch nicht gewollt. Weil sie gern lebte, hätte sie auch gern noch länger gelebt. Sie hat ihn aber auch nicht gefürchtet und verdrängt, weil sie gelebt hatte, wirklich gelebt, mußte sich nicht an ihr Leben klammern. So ist sie ganz leicht gestorben, von einem Atemzug zum andren.
Mit ihrem Tod haben Sie viel verloren: den Mittelpunkt Ihrer Familie, eine gute Freundin, vor allem aber jemanden, der lebte und mit Leben ansteckte. »Sie war eine starke Frau« sagten Sie im Gespräch; diese Stärke fehlt nun.
Alles nur ein Loblied auf N. N.? Nein, wenn schon ein Loblied, dann war es eines auf das Leben.
Erinnern Sie sich noch an den seltsamen Satz Jesu, den ich zu Beginn vorgelesen habe: »Gott ist nicht ein Gott der Toten, sondern der Lebenden«? Für mich bedeutet dieser Satz zweierlei:
Einmal heißt das: Gott hat etwas mit dem Leben zu tun, er will das Leben. Und Leben ist mehr als eine Aneinanderreihung von Tagen, Wochen, Jahren. Ist auch nicht nur Arbeit, Routine und Freizeit, sondern: Leben ist ein Protest gegen das alltägliche Sterben. Ein Protest gegen die Freudlosigkeit

und den Wunsch aufzugeben, gegen das ergebene Hinnehmen von Lebensbedingungen, die als »Schicksal« deklariert werden, gegen die sorgenvolle Ängstlichkeit, die das Leben grau macht und den Schwung nimmt. Eben das heißt Leben: ein Protest gegen alles, was uns beschwert und niederdrückt. Daß N. N. gern lebte, daß sie zu leben verstand, das hat vielleicht manchen selbst zum Leben angesteckt und davor bewahrt, jeden Tag ein bißchen mehr zu sterben. Weil Gott ein Gott der Lebenden ist, will er, daß Sie leben, wirklich leben und nicht in Traurigkeit oder Gleichgültigkeit erstarren.
Und zweitens: Jesus sagt diesen Satz, nachdem er Gott mit Leuten in Verbindung gebracht hat, die schon lange tot waren, schon damals lange tot waren: Abraham, Isaak und Jakob. »Gott ist der Gott Abrahams, Isaaks und Jacobs«, sagt Jesus, »Und weil er ein Gott der Lebenden und nicht der Toten ist, merkt euch: Sie leben, die ihr begrabt. Nicht so, wie ihr es kennt. Diese Art Leben ist vorbei, endgültig. Sie leben ein anderes Leben, ein Leben in der Nähe dessen, der ihr Gott ist und der ihre Namen kennt. Gott will ein Sieg des Lebens über den Tod.«
Und er, der das sagte, wurde mit seiner Auferweckung von den Toten ja der lebendige Beweis für die Richtigkeit seines Satzes. Diesem Gott geben wir Ihre Mutter, Großmutter und Verwandte zurück, sagen »Danke Gott, daß in ihr soviel Liebe und Leben war!« und können gewiß sein: Das hier ist nicht das Ende, es ist für N. N. wie für jeden anderen eine Zwischenstation in dem Strom des Lebens, dessen Quelle und Mündung bei Gott ist.

Sie tat uns gut

Text: Lukas 10,20 *Elsbeth Zuleck*

Zur Situation
Schon vor meiner Zeit war Frau D. hingebungsvolle Mitarbeiterin unserer Gemeinde. Sie arbeitete aufopfernd in mehreren Gremien mit. Nichts war ihr zuviel. Und alles geschah immer mit gleichbleibender Freundlichkeit.
Frau D. fehlt uns allen sehr.

Verehrte, liebe Familien D. und S., liebe Freundinnen und Freunde von Frau D., liebe trauernde Gemeinde,
Freude, sich von Herzen freuen können an allem Schönen, Freude schenken auf vielfältige Weise, das gehörte zu unserer lieben Frau D. wie ihre großen, dunklen Augen und ihre kräftigen, zupackenden Hände. Keine laute, überschwengliche Freude war's. Eine stille Freude war's, die in ihr wohnte und aus ihr herausstrahlte und wie selbstverständlich auf uns überging.

In den 19 Jahren, in denen Frau D. als Mitarbeiterin und mütterliche Freundin mein Leben teilte in unserer Stadtkirchengemeinde, habe ich nie ein lautes, schnelles oder gar böses Wort aus ihrem Munde gehört, auch kann ich mich nicht an einen unfreundlichen Blick erinnern. Sie war einfach lieb und tat uns gut und konnte in ihrer stillen, warmherzigen Art so manche ungute Atmosphäre entspannen mit einem ruhigen Wort. Ich war da oft sehr beschämt und dachte: Sie kann das wirklich, was Martin Luther in seiner Erklärung zum 8. Gebot fordert: »Ihre Mitmenschen entschuldigen, Gutes von ihnen reden und alles zum Besten kehren.«
Unsere gute Frau D. hat aber nicht nur viel Gutes gesagt. Sie hat auch unendlich viel Gutes getan, wie wir alle wissen. Ihre selbstverständliche Hingabe an eine Sache, ihre liebende Fürsorge für viele, viele Menschen, waren schon einmalig. Sie war einfach mit einem großen Herzen gesegnet und wir alle waren darin gut aufgehoben. Ich bin ganz sicher: Frau D. konnte so sein und so leben und so lieben, weil sie selbst sich so geliebt und gut aufgehoben wußte bei Gott, der ihr bei ihrer Konfirmation sagen ließ: »Freu dich, Susi C., Dein Name ist im Himmel aufgeschrieben.« Und das konnte sie dann für den Rest ihres Lebens glauben und sich von Herzen darüber freuen. Zweimal in ihrem geglückten Leben aber da war die Freude gewichen aus ihren Augen und ihrem Herzen. Da war nur noch tiefe, stille Trauer um sie: Nach dem raschen Tod ihrer besten Freundin und dann vor allem beim Leiden und Sterben ihres geliebten Stephan. Ihr gutes Herz schien gebrochen zu sein. Gesagt hat sie nicht viel. Auch nicht geklagt. Nur weinen sah man sie jetzt manchmal. Ganz still und mit Würde hat sie ihr Leid getragen, im Vertrauen darauf, daß ihre beiden geliebten Menschen gut aufgehoben sind bei Gott.
Ich kann mir denken, daß ihr in jener schweren Zeit vor allem das Bonhoeffer-Wort weitergeholfen hat, das sie so sehr mochte: »Von guten Mächten wunderbar geborgen, erwarten wir getrost, was kommen mag. Gott ist bei uns am Abend und am Morgen und ganz gewiß an jedem neuen Tag.« Ganz still und mit Würde hat unsere liebe Frau D. zuletzt auch ihr eigenes Leiden getragen. Bei meinem letzten Besuch im Krankenhaus sah ich noch einmal die stille Freude aus ihren Augen leuchten und hörte noch einmal nur gute Worte aus ihrem Mund, und dann zum Schluß das oft gesagte, wohlvertraute »Vielen, vielen Dank!« und nocheinmal »Vielen, vielen Dank für alles!« Ich wußte, daß es Abschiedsworte waren, stammelte »Ach nein, *ich* hab doch zu danken für so vieles« und ging mit schwerem Herzen.
Lieber Herr D., liebe Familien D. und S., Ihre Herzen sind schwer jetzt bei diesem endgültigen Abschied, aber sie sind auch – wie ich weiß – voll Dankbarkeit für das Geschenk dieser Frau, dieser Mutter, dieser Großmutter.
Unser aller Dank, aber, meine Lieben, soll IHM gehören, bei dem die gute Seele nun ihre Ruhe gefunden hat: »Vielen, vielen Dank, Gott, für Susi D., die unser Leben geteilt und so reich gemacht hat.

Hat der Tod nicht barmherzig gehandelt?

Text: Lukas 10,20　　　　　　　　　　　　　　　　　　*Martin Kriener*

Zur Situation
N.N. starb mit acht Jahren an einer Krankheit, an der sie seit ihrer Geburt litt. Sie war das einzige Kind ihrer Eltern.

Es gibt ein eindrucksvolles Bild vom Tode. Da geht er an der Spitze eines langen Zuges die Straße entlang. Und hinter ihm her gehen alle die, die er aufgefordert hat, mitzukommen, Alte und Junge, Erwachsene und Kinder, Arme und Reiche, Gesunde und Kranke, Fröhliche und Traurige, Widerstrebende und still Ergebene. Und am Rande der Straße sitzt ein steinaltes Mütterlein und bittet den Tod vergeblich: Nimm mich doch auch mit!
Ja, nicht wahr, so scheinbar wahllos greift der Tod zu: Da ist es einmal ein Gemeindeglied von über neunzig Jahren, das wir zu Grabe geleiteten, dann sind es Männer auf der Höhe des Lebens, im besten Mannesalter, wie wir sagen, von denen wir Abschied nehmen müssen, und jetzt ist es ein Kind von achteinhalb Jahren, dem diese Trauerfeier gilt.
So kurz dieses Leben war, so reich war es doch an Krankheit und Gebrechen. Und wer weiß, was dieses Kind noch hätte leiden müssen, wenn es länger gelebt hätte. Hat also nicht der Tod barmherzig gehandelt, als er diesem zarten und schwachen Leben ein Ende bereitete? Es mag uns jetzt wohl die Frage bedrängen: Welchen Sinn hat solch ein kurzes Leben eigentlich gehabt, war es nicht vergeblich, so vergeblich wie alle ärztlichen Bemühungen, so vergeblich wie alle Sorge und Fürsorge?
Nein, müssen wir in dieser Abschiedsstunde sagen: Dieses Leben ist nicht vergeblich gewesen. Vor Gott hat dieses Kind nicht umsonst gelebt. Vor Gott hat dieses Leben durchaus seinen Sinn gehabt. Der Name dieses Kindes, bei dem es nun nicht mehr gerufen werden kann, weder von Ihnen, den Eltern, noch von sonst jemandem, dieser Name steht aber mit unauslöschlichen Lettern vor Gottes Augen. Freuet euch, daß eure Namen im Himmel geschrieben sind.
Vor Gott ist dieses Kind nicht weniger geliebt und nicht weniger wertgeachtet, als wenn es noch viele Jahre und Jahrzehnte gelebt hätte. Er, unser Gott, der sich in der Taufe zum Vater dieses Kindes gemacht hat, Er ruft es nun bei seinem Namen. Und bei ihm ist es gut aufgehoben, ohne Leiden, ohne Schmerzen und ohne Krankheiten.
Wie heißt es doch in einem Liede, das früher in unserem Gesangbuch stand:
Kurz ist mein irdisch Leben,
ein bessers wird mir geben

Gott in der Ewigkeit.
Da werd ich nicht mehr sterben,
in keiner Not verderben,
mein Leben wird sein lauter Freud.

Ein Licht, in dem unsere Seele Ruhe findet

Text: Johannes 8,12 *Detlev Knoche*

Gnade sei mit euch und Friede von dem, der da ist und der da war und der da kommt. Amen!
Liebe Familie N., liebe Angehörige, liebe Trauergemeinde!
Wir sind hier zusammengekommen, um Abschied zu nehmen von Ihrer Frau, Mutter, Schwiegermutter, Oma und Uroma N. N. Es ist eine sehr traurige Stunde, und getroffen stehen wir vor diesem Tod, auch wenn er nach den Leiden der letzten Monate wie eine Erlösung war und Frau N. nun ihre Ruhe bei Gott gefunden hat. Diesen letzten Lebensabschnitt haben Sie als sehr intensiv erlebt und dieser langsame Abschied hat in Ihnen sicherlich viele Bilder und Gedanken aufgeworfen, die Sie über den Tod von Frau N. hinaus weiter beschäftigen werden. Mit all Ihren Kräften und mit all Ihrer Zeit, die Sie hatten, haben Sie – Herr N. – sie durch diesen letzten Abschnitt ihres Lebens getragen und, so weit es möglich war, auch zu Hause gepflegt. Ich denke, Sie haben ihr damit ein Stück der Liebe wiedergegeben, die Sie zeitlebens von ihr empfangen konnten. Und trotzdem beginnen Sie erst langsam die Endgültigkeit dieses Todes zu begreifen.
Daß wir sterben müssen, wissen wir, so lange wir denken können. Denn das Sterben gehört wie das Geborenwerden unauflöslich zu unserem Leben dazu. Und doch wird dadurch der Gedanke an den Tod nicht unbedingt leichter. Und das spüren wir eben, wenn jemand aus unserer nächsten Umgebung stirbt. Die Stimme, die Ihnen vertraut war, ist nun verstummt. Ihre Schritte des Lebens sind zur Ruhe gekommen. Wenn Sie, liebe Familie N., auf Ihre Empfindungen achten, spüren Sie, wie mit dem Tod von Frau N. auch ein Abschnitt Ihres Lebens zu Ende geht.
In dem Psalm, den wir gehört haben, heißt es: »Herr, lehre du uns bedenken, daß wir sterben müssen, auf daß wir klug werden.« Das ist so einfach dahin gesagt und dann, wenn wir so nahe vom Tod betroffen sind, merken wir, daß es gar nicht so einfach ist, wenn diese Bitte des Psalmbeters auch für uns zur Wahrheit werden soll. Wir spüren, wie wir angewiesen sind auf Trost; darauf, ein Stück von anderen getragen zu werden; Menschen zu

haben, die uns in diesen Tagen der Trauer, in denen manche Fragen ja auch in bezug auf das eigene Lebensende aufbrechen, in dieser Situation Menschen zu haben, die helfen, die Zukunft ein wenig im Blick zu behalten. Da ist es gut, wenn auch die eigenen Hoffnungen und Vorstellungen in bezug auf unser aller Lebensende uns tragen und neue Kraft und Sicherheit geben.
Als wir vorgestern zusammensaßen und nach einem passenden biblischen Vers für diesen Tag heute suchten, gaben Sie mir den Hinweis auf einen Vers aus dem Johannesevangelium, der der Verstorbenen, aber auch Ihnen allen, im Hinblick auf den Tod wichtig geworden ist. Es heißt dort im Kapitel 8, Vers 12: »Ich bin das Licht der Welt!«
Für Sie, liebe Familie N., ist damit die Gewißheit verbunden, daß am Ende unseres Lebens, am Ende der Dunkelheit des Todes dieses Licht, Gott, steht. Ein Licht in dem unsere Seele, unser Leben, einmal Frieden und Ruhe findet.
Dieser Gedanke ist für mich Ausdruck eines tiefen und umfassenden Gottvertrauens. So wie Sie mir erzählt haben, hat sich für Sie dieses Gottvertrauen bestätigt durch Erfahrungen in Ihrer Familie, vor allem auch in diesem Grenzbereich zwischen Leben und Tod. Damit haben Sie sich sehr intensiv auseinandergesetzt. Ich denke: Alle Wege, die Höhen und Tiefen unseres Lebens stehen unter der aufmerksamen Obhut und dem Schutze Gottes. Aus dieser Erfahrung heraus zu leben kann eine Hilfe sein, gerade auch in Blick auf die schwierigen und dunklen Abschnitte unseres Lebens. Und was fassen die vergangenen 81 Lebensjahre der Verstorbenen nicht alles an wechselvoller Geschichte, an Mühen und Sorgen um das tägliche Leben, an Freude über das kleine Glück und an Hoffnungen für die Zukunft in den großen und kleinen Neuanfängen dieser langen Lebensjahre. Am X. Juli 1913 ist Frau N. in Sinn bei Herborn geboren. Dort ist sie aufgewachsen und zur Schule gegangen. Am X. Januar 1935 – vor 60 Jahren – hat sie Herrn N. geheiratet und im Laufe der Jahre 3 Kindern das Leben geschenkt. Vor allem die Jahre des Krieges waren keine einfachen Jahre. Da war immer die Sorge: Wird mein Mann lebend zurückkommen oder wie so viele andere den Tod finden? Umso größer war das Aufatmen, als der Krieg zu Ende ging und die Familie wieder zusammen war, auch wenn Frau N. noch miterleben mußte, wie ihre Wohnung in Wiesbaden in den letzten Kriegstagen zerstört wurde.
Durch den Beruf ihres Mannes kam Frau N. mit der Familie dann 1950 nach Gießen, wo sie bis zuletzt wohnte. Hier in Gießen hat Frau N. auch noch eine ganz neue Seite ihres Lebens kennengelernt und ihre Begabung in der Gestaltung von Keramiken entdeckt. Seit 1973 hat sie immer wieder an verschiedenen Seminaren teilgenommen und war künstlerisch tätig.
In dem Vers aus dem Johannesevangelium ist vom Licht der Welt die Rede; ein Licht, das eben auch in die dunklen Abschnitte unseres Lebens scheinen will. Zu einem solch dunklen Abschnitt des Lebens der Verstorbenen

gehört sicherlich auch der frühe Tod ihrer Tochter 1985, die sie bis zuletzt pflegte und nun zuletzt seit Sommer 1993 ihre eigene schwere Krankheit, durch die sie manches auch an Schmerzen hat ertragen müssen.
Dies Leben von Frau N. ist nun zu Ende gegangen. Das, was Ihnen bleibt, sind die Bilder, Geschichten und Erlebnisse mit der Verstorbenen, die in Ihrer Erinnerung lebendig sind und die Sie in Ihrem Herzen bewahren dürfen. Die Freuden und Schmerzen, Hoffnungen und Enttäuschungen dieses Lebens von Frau N. werden nun wieder zu Staub und Asche. Ihr Leben, ihre Seele ist nun geborgen in der Liebe und in den Händen Gottes, von dem es heißt:»Ich bin das Licht der Welt!« In diesem Licht möge Frau N. nun Ruhe und Frieden finden in Ewigkeit. Amen!

Warum jetzt? Warum so?

Text: Johannes 14,6 *Klaus von Mering*

Zur Situation
Stichworte zur Situation: 32jährige Frau, Verkehrsunfall unter noch nicht geklärten Umständen, unverheiratet, ein vierjähriges Kind, unstete Lebensweise (der derzeitige Lebenspartner ist nicht der Vater des Kindes), ohne festes Einkommen. Beerdigung im heimatlichen Inseldorf auf Veranlassung der Mutter, die nach dem Bankrott ihrer Ehe und ihrer wirtschaftlichen Existenz mit Alkoholproblemen kämpft. Beerdigungskosten werden aus Spenden der Dorfbewohner beglichen. Ein Jahr ältere Schwester lebt verheiratet in Süddeutschland, nachgeborener Bruder bei der Mutter. Wegen der sozialen Auffälligkeit der Familie kursierten schon früher allerhand Gerüchte über die Tochter, die jetzt durch die ungeklärten Umstände des Todes neue Nahrung bekommen. Außerdem: Auf einer autofreien Insel empfindet man den Verkehrstod einer Insulanerin als besonders ›unnatürlich‹, die Trauerandacht ist trotz der sozialen Isoliertheit der Familie stark besucht. Der Vater der Verstorbenen fehlt allerdings ebenso wie der letzte ›Freund‹.

Ich muß gestehen, ich bin beim ersten Lesen dieses von Euch vorgeschlagenen Bibelwortes (Konfirmationsspruch der Verstorbenen) erschrocken; Kann man, darf man bei einer solchen Gelegenheit von Christus als »dem Weg« sprechen, wenn ein Mensch an seinem Weg den Tod gefunden hat? Muß das nicht falsche Gedankenverbindungen auslösen: Entweder im Sinne abergläubischer Phantasien, die eine Straße zu einem mörderischen Subjekt erheben, gegen das man sich wehren muß; oder im Sinne frommer Ergebung, als sei mit dieser Gleichsetzung – Christus ist der Weg – alles ins Lot gebracht. Als wüßten wir damit im Glauben, was wir mit unserm Verstand nicht fassen können?

Aber dann wurde mir mehr und mehr klar: Dieses Jesuswort will gerade helfen, diese beiden Irrwege zu vermeiden oder zu verlassen. Denn es will uns wegführen von unsern unterschiedlichen Vermutungen und Erklärungsversuchen und verbindet uns durch das Eingeständnis, daß wir in Wahrheit gar nichts wissen:
– Weder läßt sich exakt rekonstruieren, wie es zu dem schrecklichen Unfall kam
– noch wissen wir, mit welchem Ziel N. N. auf dieser berüchtigten Strecke, die ihr selbst als gefährlich bekannt war, unterwegs war.
– Wir haben keine Erklärung für die offenbar große Eile,
– und was ihre Gedanken in diesen Minuten beschäftigte und vielleicht ablenkte, können wir auch nicht sagen. Ich jedenfalls weiß das alles nicht. Und ich weiß auch nicht, was Gott sich dabei gedacht hat, als er bewirkte oder zuließ, daß dieses Leben so endete.
Aber wären wir denn weiter, wenn wir es wüßten?
Wenn wir Gott verstünden, wäre er ja nicht mehr Gott, unser Schöpfer und wir die Geschöpfe seiner Hand. Müßten wir nicht fürchten, daß am Ende irgendetwas anderes Gott wäre oder daß es keinen Gott gäbe – beides ein gleicherweise schrecklicher Gedanke, weil er unser Leben irgendeinem machtgierigen Götzen auslieferte oder der brutalen Gleichgültigkeit des Zufalls. Und wenn wir genau wüßten, was N. N. gedacht und was sie bewegt und vielleicht umgetrieben hat oder welcher Fehler genau zu diesem Unglück geführt hat – wäre der ganze Vorgang damit irgendwie erträglicher? Wir hätten vielleicht etwas oder jemanden, dem wir die Schuld zuschieben könnten. Aber würde uns das schützen vor der quälenden Frage, was wir ihr vielleicht schuldig geblieben sind? Wir hätten dann eine Erklärung, warum es so geschah und nicht anders. Aber könnte das auf irgendeine Weise mit dem Gedanken versöhnen, daß sie jetzt tot ist? Es wäre vielleicht leichter, die wuchernden Spekulationen und Gerüchte im Zaum zu halten. Aber gibt es bei diesem Tod überhaupt eine Möglichkeit, den eigenen und fremden Vermutungen und Andeutungen und scheinbar unschuldigen Bemerkungen zu entkommen, wenn nicht diese eine: konsequent den Mund zuzumachen? Und wo das nicht geht, weil man sonst erstickt, dann ihn nur zu öffnen, um mit Gott zu sprechen und zu beten?
Doch, ich glaube wirklich, das könnte uns helfen. Gott läßt nämlich mit sich reden. Und wir merken bei diesem Gesprächspartner, wie man ganz von selbst anfängt, seine Gedanken zu prüfen und zu ordnen. Da kommt ganz unwillkürlich ein Maßstab ins Spiel, was sich zu sagen lohnt und was nicht; denn du spürst, ob sich ein Satz in einem Gebet sagen läßt oder ob daraus etwas wird, wovor dir selber ekelt. Und was diesem Maßstab standhält, das taugt dann wahrscheinlich auch zum Weitersagen, weil es nicht zerstört, sondern aufrichtet und nicht verletzt, sondern tröstet.
Christus spricht: Ich bin der Weg und die Wahrheit und das Leben, niemand kommt zum Vater denn durch mich. Vielleicht ist die Gefahr, daß der

Vergleich Jesu mit einem Weg auf Abwege führt, viel älter als unsere Probleme mit dem Straßenverkehr und Jesus fügt deshalb zwei weitere Begriffe hinzu: Wahrheit und Leben. So entsteht ja ein Beziehungsgeflecht:
– Wahrheit und Weg. Wahrheit wird zum tödlichen Standpunkt, wenn sie nicht »auf den Weg gebracht« wird zum Mitmenschen. Und ein Weg wird zur unsicheren Ziellosigkeit, wenn der Maßstab der Wahrheit fehlt. Ich habe N. N. nicht persönlich gekannt, sie verließ schon als Jugendliche die Insel. Aber unbeirrt ein Ziel zu verfolgen und mit sturer Unerschütterlichkeit darauf loszumarschieren, das war ihre Sache offenbar nicht. Sie war noch »unterwegs«, nicht nur an jenem Donnerstagabend, als der Unfall geschah, sondern überhaupt. Und in dem engen Vertrauensverhältnis zu ihrer Schwester, zu Ihnen, Frau E., kam das ja immer wieder zum Ausdruck, daß N. N. nach einem verläßlichen Maßstab suchte, der ihren Entscheidungen Sicherheit geben könnte.
– Wahrheit und Leben. Vielleicht ist N. N. Wahrheit bisher zu oft nur in der Gestalt von Kritik oder von Verboten begegnet. Oder sie hatte dort, wo sie es mit dem Leben selbst zu tun bekam – in der Zuneigung zu ihrem Partner, in der Anhänglichkeit zu ihrer Mutter, in der Liebe zu ihrem Kind – vielleicht hat ihr dort bisher niemand so recht aufzeigen können, daß es dabei auch um Wahrheit geht und daß Wahrheit Lebendigkeit nicht einschränkt, sondern vertieft.
– Weg und Leben. Unterwegs sein kann tödlich enden, das wußten wir schon vor dem letzten Donnerstag. Es geht darum, den Weg zu finden und zu gehen, der ins Leben führt, in ein Leben, das auch nach dem Tod in all seinen Spielarten standhält, »ewiges Leben«, sagt die Bibel und meint damit sowohl ein Leben, das stärker ist als unsere Vergeßlichkeit und unsere Unzuverlässigkeit, wie ein Leben, das über das Sterben siegt. Und das bedeutet ja auch: Leben und leben lassen, muß das Motto werden auf unsern Wegen und Straßen, nicht: Leben und sterben lassen, leben auf Kosten derer, die mir egal sind.
Christus spricht: Ich bin der Weg und die Wahrheit und das Leben. Niemand kommt zum Vater, denn durch mich. N. N. gehörte zu dem letzten Jahrgang, den mein Vorgänger, H. v. O., konfirmiert hat. Das war am 24. April 1977. Misericordias Domini, am Sonntag nach Ostern, der im Zeichen der ›Barmherzigkeit Gottes‹ steht. Viele von denen, mit denen sie damals gemeinsam gebetet hat: »Der Herr ist mein Hirte, mir wird nichts mangeln ... Und ob ich schon wanderte im finstern Tal, fürchte ich kein Unglück, denn du bist bei mir, dein Stecken und Stab trösten mich ...« – viele von denen leben noch oder wieder auf der Insel. Einige sind hier unter uns, andere werden jetzt, ob sie wollen oder nicht, in Gedanken bei uns sein, wenn gleich die Glocke läutet. Hier ein paar Namen, stellvertretend für die fast 40 Konfirmandinnen und Konfirmanden von damals: .....
Es wäre schön, wenn sich der Zusammenhalt in der Gruppe, die Sie damals waren, nicht auf das Erinnern an ein paar Streiche beschränkte, aber auch

nicht nur auf die gemeinsame Bestürzung an diesem Tage, sondern wenn Sie im Zeichen des Segens, den Sie damals gemeinsam empfingen, heute neu aufeinander aufmerksam würden und daraus ein Netz wüchse, was der Familie von N. N. Halt gäbe. Der Konfirmationsschein ist ja kein Zeugnis, sondern ein Gutschein. Und Gutscheine muß man einlösen, wenn es Zeit ist.

Niemand kommt zum Vater denn durch mich. Der Satz wird gern in rechthaberischer Absicht gebraucht und meint dann: Alle, die nicht so glauben wie ich, brauchen sich gar nichts von Gott zu erhoffen. In Wahrheit steht aber genau das Gegenteil da: Nichts, was du leistest oder versiebst, ist letztlich wichtig, sondern nur Jesus Christus. Wir brauchen also heute weder im Rückblick auf N. N. irgendwie nachzurechnen oder aufzurechnen, ob sie wohl den Himmel verdient hat. Noch brauchen wir uns zu quälen mit Fragen und Selbstvorwürfen, ob wir etwas versäumt haben oder schuldig geblieben sind. Niemand kommt zum Vater denn durch mich, sagt Jesus Christus. An ihm vorbei greift auch die schönste Himmelsleiter zu kurz und endet irgendwo in Wolkenkuckucksheim. Aber da, wo er die Arme ausspannt in der Kraft seines Kreuzes (Hinweis auf den Kruzifixus), brauchen wir überhaupt keine Leiter, um mit Gott und seiner unverbrüchlichen Liebe (wieder) in Verbindung zu kommen. Diese Liebe umgreift auch unser Nichtverstehen: Warum? Warum jetzt? Warum so? Und es umgreift auch die Trauer und die vielen Fragen, die noch kommen, vielleicht gerade dadurch kommen, daß die eine oder andere Erklärung noch gefunden wird. Weg – Wahrheit – Leben: Laßt uns unsere Wege vertrauensvoll und rücksichtsvoll gehen und fahren! Laßt uns nicht vergessen, daß unser Maßstab nicht lautet: Was bringt's? sondern: Was ist wahr?! Und laßt uns immer im Auge haben, daß Gott das Leben ist, daß er alles Leben schafft und darum auch bei ihm alles Leben aufgehoben ist. Amen.

Nachbemerkung: Bei der anschließenden Teetafel im Trauerhaus kam es auch zu einer persönlichen Begegnung mit dem Vater der vierjährigen Tochter, der mit der Verstorbenen bis zuletzt in der Verantwortung für das gemeinsame Kind Kontakt gehalten hat. Wir konnten ein intensives seelsorgerliches Gespräch über Möglichkeiten führen, das Kind in angemessener Form über den Tod seiner Mutter aufzuklären und ihm bei der anstehenden Trauerarbeit zu helfen.

Wer ist Gott?

Text: 1. Korinther 13,12 *Wolfgang Lipp*

S. B. hat uns dieses Wort aus 1 Kor 13 für diese Stunde des Abschieds vorgelegt, damit an diesem Wort unsere fragenden Gedanken eine Richtung und unser bestürztes Herz seine Ruhe finden.

Wer ist Gott?
Manches Mal hat S. B. um diese Frage gerungen, manches Mal hat er darüber gestritten und manches Mal hat er es gewußt.

Gerungen:
Ich denke an einen Ingmar-Bergmann-Film, den er auf einem Wochenende für seine Schüler vor 30 Jahren gezeigt hat – mir ist der Titel nicht wieder eingefallen –: ein Pfarrer ist durch eine schwere Krise in Zweifel, ja in Verzweiflung geraten, und der Mesner erklärt ihm in der Sakristei vor dem Gottesdienst die Frage: »Wer ist Gott?«
Ich denke an die Zeit, als er nach einem neuen Weg suchte für seinen Glauben bei den Charismatikern. Und ich denke an die Tage, Wochen und Monate des langen Sterbens seiner geliebten Frau. Und dann das Trauerjahr mit der Angst der Einsamkeit. Manches Mal hat er mit Gott um Gott gerungen.

Gestritten:
Ich denke an bewegte Zeiten, als er an vielen Vortragsabenden gekämpft hat um ein verantwortbares Gottesverständnis, um das Verhältnis des historischen Jesus zum Christus des Glaubens, um die rechte Auslegung der Heiligen Schrift.
Ich denke an die Tage der Kritischen Kirche, als er zu einem der Sprecher wurde für die Erneuerung der Kirche.
Und es ist nur einige Wochen her, daß er in unserem Gesprächskreis vehement dafür eintrat, das mißverständliche Wort von der »Allmacht Gottes« nicht mehr zu gebrauchen.
Manches Mal hat er für Gott und um Gott gestritten.

Und: Gewußt
Ich denke an die Schülergottesdienste, die er vor Jahren jeden Mittwoch Morgen gehalten hat, und die Schüler und die Lehrer strömten herbei, um ihn zu hören. Und er hat ganz einfache und ganz klare Worte gefunden, einladend und anziehend.
Und ich denke an manches Gespräch der letzten Jahre, wo er seelsorgerlich und menschlich seinen Glauben darlegen konnte, schlicht und überzeugend, so daß er anderen zum Glauben verhalf.
Manches Mal hat er gewußt, wer Gott ist.

Wer ist Gott?
Wir können in dieser Stunde nicht an Euren Vater, unseren Freund, an Pfarrer B. denken, ohne uns dieser Frage zu stellen, die ihn ein Leben lang begleitete und die ihm jetzt keine Frage mehr ist – wie Jesus sagt: »an jenem Tage werdet ihr mich nichts mehr fragen« (Joh 16,23).
Denn für ihn gilt: von Angesicht zu Angesicht, und: Ich erkenne, wie ich erkannt bin. Er ist am Ziel angekommen. Wir aber sind noch im Glauben und nicht im Schauen, wir sehen noch wie durch einen Spiegel in einem dunklen Bild und erkennen nur stückweise. Darum fragen wir – wie er gefragt hat: Wer ist Gott?
Wir wollen das tun, indem wir vom Geheimnis Gottes reden, vom Geheimnis des Lebens und vom Geheimnis des Todes.
Lassen Sie mich aber zuvor die wichtigsten Daten seines Lebens nennen. Dabei greife ich vor allem die heraus, die erzählen von Niederlage und Bewahrung, von Widerstand und Ergebung, von Geschick und Glaube ...
Wir erkennen auch das Leben Eures Vaters, unseres Bruders und Freundes S. B. nur stückweise, und manche Traurigkeit und mancher Zweifel ist darin eingeschlossen, aber wir wissen: der, den er zu erkennen suchte, hat ihn längst erkannt.

Das Geheimnis Gottes
Wer ist Gott? Wer ist der Gott der Bibel? Das beschäftigte ihn sein Leben lang – gegen schmalbrüstige Normaltheologie und bürgerlichen Einheitsglauben.
Es ging ihm um den Gott der Väter, der einst Abraham vors Zelt führte und ihm auftrug, die Sterne zu zählen; und Abraham konnte es nicht;
– um den Gott, der dem schelmischen Jakob die Rahel gab mit den schönen Augen; und Jakob mußte sie begraben in Bethlehem;
– um den Gott, der das Volk aus dem Sklavenhaus Ägyptens in die Freiheit führte; und sie kamen in die Wüste;
– um den Gott, der dem verlorenen Sohn ein Fest bereitete und der der Sünderin vergab – wider alles Erwarten;
– um den Gott, der für die Vögel sorgt und die Lilien auf dem Felde – um wieviel mehr für Euch!
Zurückkehren wollte S. B. zu dem Gott, der ein Befreier ist aus der Knechtschaft seit Ägypten her und noch immer, der eine Befreier ist vom Tod seit damals an Ostern bei Jesus Christus, als dem Tod die Macht genommen wurde.
Zu dem Gott, der ein Liebhaber des Lebens ist, wie es in der alten Übersetzung einmal heißt und sich darum hingibt für alle seine Menschenkinder in Jesus, wie das die Liebe tut, nur sie. Und in der Hingabe, im Herschenken wird der Tod Gottes am Kreuz zum Zeichen seiner allumfassenden Liebe.
Sein Geheimnis ist die Ohnmacht der Liebe. Das Geheimnis Gottes.

Und: Das Geheimnis des Lebens.
Jedes Leben hat sein Geheimnis. Und jeder Mensch lebt aus einer geheimen Quelle. Und nur manchmal und nur ganz im Vertrauen kann einer einen anderen mitnehmen zu dem Brunnen, aus dem er Kraft schöpft für sein Leben.
Je älter S. B. wurde, umso eher konnte er dies. Und so wurde er zum Seelsorger für viele, die alleine waren, wurde er zu einem gütigen Freund für solche, die noch auf der Suche sind.
Es mag heute andere Themen geben. Aber seiner – und ich darf mich einschließen – unserer Theologen-Generation war es aufgetragen, die Frage nach Gott und nach Christus zu stellen im Lichte der anderen – und nie ohne sie –, der Frage nach dem historischen Jesus. Leidenschaftlich und unbeugsam hat er sich dieser Aufgabe angenommen. Leidenschaftliche Menschen aber sind unbequeme Menschen.
Ich habe, liebe Töchter, je und dann gedacht, daß Ihr es mit Eurem Vater manchmal nicht leicht habt, er mit Euch auch nicht; wir wollen das nicht verschweigen. Aber auch wir anderen begegneten in ihm einem unbequemen Mann mit Ecken und Kanten. Sogar die Kirchenleitung war nicht immer über seinen Widerspruchsgeist erfreut.
Und doch ging es ihm in der Tiefe immer um das eine: um den einen, diesen Jesus, der uns Gott gezeigt hat als Liebe. Und könnte ich das oder jenes – Zungenreden oder Weißsagen – »und hätte diese Liebe nicht«: wir haben es gehört in der Lesung, die er für uns aussuchte.
Das Geheimnis dieses Lebens – mit all seinen Verwerfungen, mit aller Gebrechlichkeit und Sehnsucht, mit aller Zärtlichkeit und allem Schmerz – das Geheimnis dieses Lebens war dieser Jesus, Zeichen von Gottes Liebe unter uns Menschen. Das Geheimnis des Lebens.

Und schließlich: Das Geheimnis des Todes.
Immer wieder in den bald dreißig Jahren – und anderen wird es nicht anders ergangen sein – haben S. und ich über den Tod gesprochen.
Der Tod trennt, spaltet, löscht Beziehung aus, bricht Verhältnisse auseinander. Blicke reißen ab, Hände reichen nicht hinüber, Worte finden keine Antwort. Schmerzlich erfahren wir in dieser Stunde den Schnitter. Und wo immer getrennt und gespalten, wo immer gelöscht und abgebrochen wird auf dieser Erde, da ist der Tod am Werk. Das ist die Macht des Todes.
Aber das Geheimnis des Todes ist ein anderes. Nach unserem Glauben ist das Geheimnis des Todes seine Überwindung.
Wo uns unser Leben und unsere Welt zerbricht, da weiß Gott einen neuen Beginn. Er knüpft an unser Ende seinen Anfang. Er verewigt unser gewesenes Leben in seinem ewigen Leben.
– Und all der Mangel, den auch dieses Leben kannte, wird umfangen von Gottes Fülle.

– Und all die Schatten, die sein Leben bestimmten, und auch die Schatten, die er warf, werden erleuchtet von Gottes Licht.
– Und all die Schuld – und niemand kommt ohne Schuld durch das Leben – all die Schuld wird umkränzt von Gottes austeilender Gerechtigkeit.
– Alles Leid in diesem Leben – und der Becher war ihm manchmal bis zum Rande gefüllt – wird umhüllt von Gottes Erbarmen.
– Alle Traurigkeit wird verwandelt in Gottes Freude.
– Und alle Liebe und alle Hingabe, zu der er fähig war, wird hineingenommen in den Reichtum Gottes, damit Gott sei alles in allem.
»Wir sehen jetzt wie durch einen Spiegel in einem dunklen Bild, dann aber von Angesicht zu Angesicht. Jetzt erkenne ich stückweise; dann aber werde ich erkennen, wie ich erkannt bin.« Und so nehmen wir Abschied von S. B. in Trauer und Dankbarkeit: Nun hat ihn Gott endgültig eingehüllt in den Mantel seiner Barmherzigkeit.

Ein Bild voller Rätsel

Text: 1. Korinther 13,12 *Bernd Giehl*

Zur Situation
Ein junger Mann, psychisch labil, der noch bei seinen Eltern im Haus lebte, ist durch einen selbstverschuldeten Unfall ums Leben gekommen.

»Denn wir sehen«, schreibt Paulus. Ja, was sehen wir denn? Ich sehe viele schwarzgekleidete Menschen in dieser Trauerhalle, die auf einen mit Blumen geschmückten Sarg schauen. Einen Sarg, in dem so viel an Hoffnung und Sorge, an Freude und Aufopferung mitbegraben wird. Ich sehe ein paar Menschen, die die Trauer ganz leise gemacht hat, fast stumm. Menschen, die eigentlich schreien müßten vor Zorn und Schmerz, Menschen, die einen großen Teil ihres Lebens verloren haben, und die doch nicht schreien können. Die nicht einmal laut werden können.
Und dann sehe ich die Bruchstücke eines noch jungen Lebens. Ich sehe einen jungen Mann, der eine Scheibe eintrat – aus Angst? aus Zorn? weil er sich eingesperrt fühlte? – einen jungen Mann, der eine Scheibe eintritt, vielleicht weil er an das Telefon will, das hinter der Glastür steht, oder aus noch einem ganz anderen Grund – denn schließlich hätte es im Haus auch noch anderswo ein Telefon gegeben – der also eine Glasscheibe in einer verschlossenen Tür eintritt, sich dabei die Hauptschlagader aufschneidet und dann nicht mehr schnell genug Hilfe holen kann, weil zu diesem Zeitpunkt

außer ihm niemand mehr zu Hause ist. Und ich sehe eine Mutter, die vom Thermalbad nach Hause kommt und ihren toten Sohn auf dem Boden findet.
Das alles sehe ich, und es fügt sich zu einem Bild zusammen, aber es ist ein rätselhaftes Bild. Ein Bild, wie von Magritte gemalt, jenem belgischen Maler, der nicht nur die Scherben einer zerbrochenen Fensterscheibe malt, sondern auch den Himmel, der sich in ihr gespiegelt hat, zerbrechen läßt. »Denn wir sehen jetzt nur wie mittels eines Spiegels in rätselhafter Gestalt«, schreibt der Apostel Paulus. Was wir sehen: ein Leben, das weit vor der Zeit plötzlich zu Ende ist. Wir sehen Umstände, die wir nicht deuten können, die uns ins Grübeln bringen, die manchen und manche von uns wachhalten in der Nacht, wenn andere schlafen, weil sie sich fragen: Mußte es so kommen? Was wäre gewesen, wenn...? Wir sehen alte Fotos von diesem Menschen, Bilder von einem Kind mit einem pfiffigen Gesicht, Bilder von Michael S. als Jugendlichem, als jungem Erwachsenen. Wir sehen unsere Hoffnungen, unsere Vorstellungen vom Glück und was daraus geworden ist, und schließlich sehen wir dann auch noch die Botschaft vom Heil, die Jesus Christus uns gebracht hat, die Botschaft von der Liebe des Vaters, und dann fragen wir uns: Wie paßt das alles zusammen? Gleicht das alles nicht dem Bild von Magritte, auf dem der Himmel in Scherben gegangen ist, weil die Fensterscheibe, in der er sich spiegelte, zerbrach? Sind wir am Ende nicht doch allein im Kosmos, dem Zufall überlassen, ohne einen, der uns hält, der uns nachgeht, bis hinein in unsre tiefste Dunkelheit?
»Denn wir sehen jetzt nur wie mittels eines Spiegels in rätselhafter Gestalt«, sagt der Apostel, »dann aber von Angesicht zu Angesicht.« Oder einfacher ausgedrückt: Manchmal fallen Glaube und Sehen auseinander. Manchmal können wir von dem, was wir sehen, eigentlich nur schließen: Da ist kein Gott. Keiner, der seine Hand über uns hält. Keiner, der die Bruchstücke unseres Lebens zusammenfügt zu einem Ganzen. Aber der Glaube sagt: Urteilt nicht allein nach dem, was ihr seht. Es ist noch nicht das Ganze. Wenn ihr vor dem Abgrund steht, und die Tiefe euch schwindeln macht, dann wendet euch um. Wendet euch um und schaut auf Jesus Christus. Schaut auf *seine* Geschichte. Erinnert euch daran, daß auch ihm – dem Menschen, der Gott so nah war wie nie ein anderer Mensch – daß auch ihm der Weg ins Leid nicht erspart blieb. Und daß er dieses Leid aushielt, bis zuletzt auf den vertrauend, den er seinen Vater nannte. Wie dann alles, aber auch wirklich alles zu Ende schien und sein Leben, sein Vertrauen auf den rettenden Gott, einfach alles in jenem Abgrund versank, den wir »Tod« nennen und wie dies dann doch nicht das Ende war. Weil Gott ihn aus dem Abgrund wieder herausholte, ihn auferweckte und ihm den Platz an seiner Seite anwies. Daraus – aus diesem Geschehen zieht der Glaube seine Zuversicht. Gegen alle Wahrscheinlichkeit hofft er auf Gott, weil er daran festhält, daß Gott Jesus aus dem Tod herausgerufen hat. Und weil er daran

glaubt, daß Gott selbst in Jesu Leiden am Schmerz der Menschen mitgelitten hat, ja daß er noch mit-leidet an ihrem Ausgeliefertsein, ihrem Schmerz, ihrem Tod. Und am Ende doch die Oberhand behält.
Ob das ein Trost für Sie ist? Es ist der einzige, den ich Ihnen anbieten kann. Beweisen kann ich es nicht, daß es diesen Zusammenhang gibt, der unser kleines Leben umschließt. Daß es einen Sinn gibt, auch für das Furchtbare, das Sie – liebe Familie S. – erleiden mußten. Und daß Sie am Ende – bei der Auferstehung der Toten – es begreifen – ja sogar annehmen können. Beweisen kann ich es nicht, sondern nur darauf hoffen. In diese Hoffnung möchte ich mich gemeinsam mit Ihnen hineinstellen. In dieser Hoffnung sind wir auch mit dem Apostel Paulus verbunden, wenn er schreibt: »Denn wir sehen jetzt nur wie mittels eines Spiegels in rätselhafter Gestalt, dann aber von Angesicht zu Angesicht. Jetzt ist unser Erkennen Stückwerk, dann aber werde ich völlig erkennen, wie ich auch völlig erkannt worden bin.«

Wenn ich gestorben bin

Text: 1. Korinther 15,54 *Arno Schmitt*

Zur Situation
Frau K. war 52 Jahre alt, als sie starb. Der Krebs ließ ihr keine Chance. Die Therapien waren kompliziert und strapaziös. Unterstützt durch ihren Mann, ihre Familie und gute Freunde bereitete sie sich »früh« auf ihr Sterben vor. So gern sie lebte, am Ende war ihr der Tod nichts Fremdes. Wesentliche Teile des Abschiedsgottesdienstes gehen auf ihre Erfahrungen, Wünsche und Seelen-Bilder zurück.

Lieber Herr K.!
Liebe Trauerfamilien!
52 Jahre Leben ... frohes Leben, freundliches Leben, aufmerksames Leben, initiatives Leben, diszipliniertes Leben, hoffnungsvolles Leben, solidarisches Leben. Dann kam die Krankheit ... und mit der Krankheit der Tod. Und der beschloß es anders über diesem Leben ... setzte allen anderen Entwürfen den *seinen* entgegen ... und achtete auf Kurs ... nein, zu verhandeln gäbe es da nichts. Der Tod ließ sich Zeit, schrecklich lange Zeit. Leiden über Monate. Strecken, auf denen du irgendwann nicht mehr kannst: mein Gott, so dein hilfloser Disput dann ... wie lange noch ... ist's denn noch immer nicht genug ... sie ist doch nur ein Mensch ... und ich, Gott ... ich doch auch!

Der Weg über den Berg ... Über ein Jahr, lieber Herr K., mußte es her sein, daß wir uns wiedersahen, Ihre Frau und ich. Drüben im Lindenhof, unmittelbar vor der Johanniskirche, am Schaukasten. Ich sah sie erst gar nicht ... da sprach sie mich an und meinte, ich würde sie wohl gar nicht mehr kennen. In der Tat, ich hatte Mühe erst, denn sie sah schlecht aus. Sie muß mein Erschrecken bemerkt haben und half mir heraus. Sie sprach von ihrer Erkrankung und schwierigen Krankenhauswochen, die hinter ihr lägen. Sie beschrieb ihre Situation sehr genau. Und auf einmal: Wissen Sie, *was* für einen Weg ich gehen werde, das weiß ich nicht, doch weiß ich das *eine* ... er wird *neu* sein, und ich werde Erfahrungen machen, die ich noch nie gemacht habe. Und dann, lieber Herr K., haben wir uns aus den Augen verloren bis vor wenige Wochen ... als feststand: Einen Weg ins Bisherige, einen Weg zurück ins Leben der Familie, ins neue Haus, zu den Kolleginnen und Kollegen im Büro, allen den »alten« Unerledigtheiten und Wichtigkeiten dort, einen Weg zurück zu den Freundinnen und Freunden auch ... würde es für Ihre Frau nicht mehr geben. Zu gehen würde eine Passage sein in eine *andere* Lebensdimension, vielleicht schon sehr bald!
Und als wir uns dann wiedertrafen, droben in der Station des Klinikums, schon das allererste Mal spürte ich: Nein, da liegt kein Mensch in seinen medizinisch behutsam in Grenzen gehaltenen Schmerzen, der sich etwas vormacht ... da begegne ich auch keinem Menschen, dessen Verzweiflung sich maskiert und die Façon dessen angenommen hat, der meint, sich gegen seine Krankheit ins Getümmel stürzen zu müssen (und daurch die Verzweiflung nur weiter steigert). Nein, so wurde mir deutlich: Der Mensch, der dich hier noch einmal wiederzusehen wünscht, der hat sich etwas bewahren können ... dem hat sich in seiner Auswegslosigkeit etwas erschlossen, das ihn Abschied nehmen und *gehen* läßt. Und seltsam: Manchmal war mir, als sei in diesem Zimmer alles ein bißchen *anders*... als tröste hier nicht der Seelsorger die Patientin, der Von-Schmerzen-Verschonte die Unter-Schmerzen-Leidende, der Lebende die Sterbende, sondern ungekehrt! Für *ihr* Leben, so ließ sie uns wissen, sei gesorgt ... sie gehe einem Ziel entgegen, hinter dem sich das Leben noch einmal von einer ganz anderen Seite darstelle, in ganz anderen Konturen, ganz anderen Zusammenhängen, in nie gehörten, nie für möglich gehaltenen »Geschichten« ... von einer »Tür« sprach sie, von der sie hoffe, daß sie sich bald öffne!
Doch, liebe Trauernden, es gibt das: Sich auf den Weg ins Ungespurte zu machen ... und die Hoffnung kein bißchen eingebüßt zu haben ... und von der Angst nur soviel »besetzt« zu sein, wie es anders eben nicht geht. So wenig es möglich ist, den Tod aus dem Leben hinauszudrängen, ihm seinen Platz »dort an der Grenze« zuzuweisen, so gewiß ist, daß auch die Überwindung des Todes inmitten des *Lebens* (oder gar nicht) beginnt! Beim Apostel heißt das so: »Der Tod – verschlungen in den Sieg ...« (1 Kor 15)
Nur – alles dies kommt nicht von ungefähr! Dieses »Hinüberschauen« ...

dieses Sich-Etwas-Bewahrt-und-Erschlossen-Haben ... dieses Durch-Und-Über-Allen-Tod-Dem-Leben-Trauen eines Menschen braucht seine Vor- und Erfahrungsgeschichte. Und ebendort, liebe Trauernden, spielt *Ihr* Part in der Geschichte dieses schweren, getrosten Sterbens!

»Freue dich, dein Name ist im Himmel geschrieben ...! (Luk 10,20) ... wollte es Ihre Frau und Schwester, Schwägerin und Tante, Freundin, Kollegin und Nachbarin als Leitgedanken über diesem Gottesdienst. »Dein Name, geschrieben im Himmel ...«: Der so sprechen, so glauben, so trauen, so sich fallenlassen und fortgeben kann, muß es erlebt ... mit Herzen, Mund und Händen »geschmeckt« haben ... muß es sich in seinem Leben »herausgenommen« ... muß es gelernt und für sich selbst und mit anderen »geübt« haben ... vom Himmel fällt das nicht.

Was solche Vorräte sammeln läßt? Nennt es, wie Ihr wollt. Mit der Bibel sag' ich *Liebe* dazu. Liebe, die beides tut: wie nichts anderes »erdet« sie mich in meine Wurzeln, bringt mich zu mir selbst ... und zugleich dies: wie nichts anderes weist sie mich über mich selbst hinaus, bereitet mir meine Hütte im »Haus von morgen«, wo es nicht mehr die Tränen der Traurigen sind, die geweint werden, sondern die der Getrösteten und von Herzen sich Freuenden. Liebe? Das ist die Ankunft des Himmels auf der Erde, in der sich Menschen fest aufeinander verlassen können ... die stark ist gerade dort, wo die Dinge sich stoßen im Raum und das Leben dabei ist, auf seine Verheißungen verzichten zu müssen.

Als wir uns zum letzten Mal trafen, lieber Herr K., Sie und Ihre Frau und ich, im Zimmer drüben, in dem Sie eine kleine Kerze entfacht hatten, brachte ich Ihnen die Zeilen eines »Hochzeitswunsches« mit, die ich irgendwann irgendwo bei irgendwem einmal gefunden hatte:

»Schau, ich lege mein Gesicht an das Deine.
Alles spricht mir von Leben.
Während die Zeit längst stehengeblieben ist,
Träume ich mich in Dich hinein.
Es tut so gut!
Und kommt eine Zeit,
In der die Worte versiegen,
Dann laß uns zurückkehren hierher:
Dann leg ich von neuem mein Gesicht an das Deine.
Und nichts mehr ist kalt und alles erinnert an Leben:
Wenn Du mich liebst, will ich Dir sagen,
Hat der Tod keine Chance ...«

Und als Sie's Ihrer Frau vorlasen, (o ja, sie hörte gut und war hellwach, Erinnern Sie sich?), da war ihr Gesicht ein einziges Leuchten und Sie hielten sich fest und ließen sich bis ans Ende nicht mehr los. Sagen Sie: Ist da der Wunsch nicht in Erfüllung gegangen? Ist sie da nicht aufgegangen, für Ihre Frau, für Sie, für mich, für uns alle, die wir hier diesen Gottesdienst feiern und nachher den Weg zum Grab miteinander machen ... ist sie da nicht augenblicklich aufgegangen, die Tür, die der Erde den Himmel wiederzugeben vermag und wiedergegeben hat? O nein, Tod: Wo die Liebe wohnt, hast du deine Chance verwirkt!

Was Wunder, liebe Trauernden, daß es der Wunsch der Gestorbenen, lange schon, gewesen ist, dort, wo wir uns versammelten, sie auf ihrer Strecke *hier* ein letztes Mal zu begleiten, möge vom Pfarrer dieses ausgerichtet werden (was ich denn hiermit herzlich gerne tue):

»wenn ich gestorben bin
feiert nicht mich
und auch nicht den tod
feiert *den*
der ein gott von lebendigen ist

wenn ich gestorben bin
zieht euch nicht dunkel an
das wäre nicht recht
kleidet euch hell
singt heitere lobgesänge

wenn ich gestorben bin
preiset das leben
das hart ist und schön
und preiset *den*
der ein gott von lebendigen ist.

(Nach Kurt Marti)

Das teure Wort Gottes

Text: 2. Korinther 5,17 *Klaus Johanning*

Zur Situation
Traueransprache für Helene Kramp, Witwe eines evangelischen Schriftstellers, die 1994 im Alter von 81 Jahren starb. Sie war ein bis ins hohe Alter engagiertes und sehr selbstbewußtes Gemeindeglied. Die Trauerfeier für sie fand in unserer Kirche statt, deren Bau von ihr miterlebt und aktiv mitgetragen wurde.

Liebe Familienangehörigen und Freunde der Verstorbenen!
Abschiednehmen von Helene Kramp – wo sollen wir da anfangen? Sie hat nicht nur ein langes Leben geführt; es war auch reich an Begegnungen, an weit verzweigten Beziehungen zu den unterschiedlichsten Menschen. Wer

will die Bedeutung ermessen, die sie für ihre Familie besaß, als Schwester, Ehefrau, Mutter, Groß- und Urgroßmutter, welchen Einfluß mag sie gehabt haben auf das schriftstellerische Werk ihres Mannes, und was hat unsere Kirchengemeinde diesem über die Maße treuen Mitglied alles zu verdanken?

Ich möchte mir nicht anmaßen, all' diese unterschiedlichen Seiten ihrer Person zu erfassen; das Bild von ihr, das jeder von uns im Herzen trägt, ist da viel präziser als jedes Wort. »Man sieht nur mit dem Herzen gut«, sagt Saint-Exupéry – in diesem Fall trifft das sicherlich ganz besonders zu.

So möchte ich die Verstorbene lieber noch einmal selbst zu Wort kommen lassen. Vor einiger Zeit sagte sie zu mir: »Ich bin eine arme alte Witwe, und meine Aufgabe ist es, für alle zu beten. Das ist es, was wir Witwen zu tun haben.«

Ein bescheidenes Wort – doch welche Energie verbarg sich dahinter! Was für Außenstehende so klingen mag, als hätte sich hier eine hilflose alte Frau in ihr frommes Kämmerlein zurückgezogen, das verstand sie als Berufung in ein Wächteramt. Helene Kramp hat Gottes Wort in Ehre gehalten und aufmerksam beobachtet, wie wir als Gemeinde damit umgehen. Sie bedachte es betend, legte es dabei auf die Goldwaage, eben weil es ihr teuer war und verglich das Ergebnis dann mit unseren gar nicht immer so teuren Menschenworten und -taten. Und sie versäumte nicht, uns das Resultat dieses Vergleiches unverzüglich mitzuteilen.

Sie hat mir einige Male die Leviten gelesen, wenn sie meinte, ich sei schludrig umgegangen mit Gottes Wort. In solchen Augenblicken zeigte sie all ihre Kämpferqualitäten – mit Recht. Man soll nicht billig machen, was in Wirklichkeit teuer ist.

Und, so hätte sie dem vielleicht noch hinzugefügt: Man soll auch nicht teuer machen, was in Wirklichkeit billig ist.

So unerbittlich und streitbar ihr Charakter in Glaubensfragen sein konnte, so liebenswert tolerant und großzügig habe ich sie in allen möglichen anderen Dingen erlebt. Und ich lerne daraus: Wer es mit seinem Glauben so genau nimmt wie sie, der wird auch da noch ein weites, freundliches Herz haben, wo andere voller Argwohn einen Stein des Anstoßes wittern.

»Ist jemand in Christus, so ist er eine neue Kreatur; das Alte ist vergangen, siehe, Neues ist geworden.« So beschreibt das der Apostel Paulus im zweiten Brief an die Gemeinde in Korinth. Paulus – »ihr« Apostel, den sie so gerne zu zitieren pflegte. Auch er war eine Kämpfernatur.

Der neue Mensch in Christus, wie schwer hat er es manchmal, sich durchzusetzen gegen den alten mit all' seinen liebgewordenen Unarten. »Das Gute, das ich will, das tue ich nicht; sondern das Böse, das ich nicht will, das tue ich«, so hieß es im vorhin vorgelesenen Abschnitt aus dem Römerbrief, und so sah es auch Helene Kramp.

Was sie dabei ganz besonders ehrte, ist, daß sie das Wort »ich« wörtlich nahm und nicht mit dem Finger auf andere zeigte. Wenn sie von der Sünde sprach, sprach sie von ihrer eigenen Sünde, und wenn sie andere beschämt hat, dann wegen ihrer vorbehaltlosen Bereitschaft zur Selbstkritik. Ehrfurcht vor dem Wort, Selbstkritik, Mut zum Widerspruch ohne Furcht vor weltlichen oder geistlichen Autoritäten – eine Protestantin im besten Sinne.

Sie hat uns allen damit viel gegeben, und sie wird uns allen fehlen. Ein Mensch wie sie, der wenig für sich selbst verlangte und fast alles für andere gab, hinterläßt einen Reichtum an guten Erinnerungen, der wehtut. Sie wird ihren Angehörigen fehlen, mit denen sie bis zuletzt zusammengewohnt hat. Wie sehr wurde ihr tägliches Leben durch diese Persönlichkeit geprägt und mitbestimmt!

Und sie wird in unserer Kirchengemeinde fehlen, die seit Jahrzehnten für sie ein Stück zuhause gewesen ist. Diese Kirche, in der wir heute von ihr Abschied nehmen, diese Kirche war ihr – das wage ich einmal zu sagen – fast so wichtig wie ihr Häuschen am Rheinener Weg.

»Ist jemand in Christus, so ist er eine neue Kreatur; das Alte ist vergangen, siehe, Neues ist geworden.«

Wir nehmen Abschied von einem Menschen, der in all' seinem Tun und Denken bis ins hohe Alter das Neue in diesem Sinne gewollt hat – nicht ohne die Erfahrung von Schmerz, wenn das Alte dann ging. So war es sicherlich auch, als sie sich vor einigen Tagen von ihrem alten Leben endgültig trennen mußte, diesem bei aller erlebten Wanderschaft so bodenständigen und den Menschen zugewandten Leben. Nun ist für sie der Schmerz, den jede Erneuerung in diesem Leben mit sich bringt, endgültig vergangen – nach 81 Jahren. Sie war nach außen alt und hinfällig und ist doch in ihrem Herzen so jung gewesen. Wir befehlen sie der Gnade dessen, der alles neu macht über die Grenzen von Leben und Sterben hinweg. Und wir befehlen uns derselben Hoffnung an, die ihrem Leben schon Kraft und Zuversicht gegeben hat.

Wir werden ärmer sein ohne Helene Kramp in unserer Mitte – aber wir dürfen auch dankbar sein: Was würde uns nicht alles fehlen, hätten wir sie nicht so viele Jahrzehnte bei uns gehabt!

Sie war für viele Menschen ein Geschenk Gottes und eine liebenswerte Begleiterin; nun möge uns die Gewißheit trösten, daß der, dem sie ihr Leben lang gehören wollte, sie nun in seinen ewigen Frieden aufgenommen hat.

Der Weg zurück ins Leben

Texte: 1. Thessalonicher 4,13 f. und 2. Könige 2,1 ff. *Ulrike Heimann*

Liebe Familie R., liebe Trauergemeinde!
Zum zweiten Mal innerhalb von nur 14 Tagen stehen Sie heute vor einem Sarg, müssen Sie nach Ihrem Vater und Großvater nun auch Abschied nehmen von Ihrer Mutter und Großmutter P. Dabei hatte es doch noch so gut für sie ausgesehen. Von der schweren Operation und einem leichten Schlaganfall hatte sie sich wieder erholt und sollte letzten Freitag aus dem Krankenhaus entlassen werden. Alles war schon vorbereitet: ein Krankenbett war in Ihrem Wohnzimmer bereits aufgestellt, damit sie mitten hineingenomen werden konnte ins Leben Ihrer Familie. Doch dann das überraschende Ende am Donnerstag letzter Woche. Sie wußten zwar, daß das Leben Ihrer Mutter und Großmutter nicht mehr nach Jahren zählen würde, aber daß Sie sie noch ein paar Monate um sich haben würden, damit konnten Sie durchaus rechnen. Nun ist sie drei Tage vor Totensonntag ihrem Mann in die Ewigkeit nachgegangen.
So kurz vor Weihnachten ist es besonders traurig, Abschied von den Eltern nehmen zu müssen. Erinnerungen kommen zwangsläufig hoch: an vergangene Advents- und Weihnachtszeiten, in denen beide noch unter Ihnen weilten. Ein »frohes Weihnachten« im üblichen Sinn wird es für Sie dieses Jahr kaum geben, aber – das hoffe ich – ein gesegnetes Fest trotz alledem, denn das Licht der Weihnacht will ja gerade in der Finsternis scheinen, will Sie nicht untröstlich lassen. Trauer und Trauer sind nicht dasselbe. Es gibt eine Traurigkeit, die zerstörend ist, die vom Leben abschneidet – und es gibt eine, die verwandelt sich ins Leben hinein in Dankbarkeit und Liebe. Im 1. Brief an die Thessalonicher (4,13 f.) schreibt Paulus dazu: »Wir wollen euch aber, liebe Schwestern und Brüder, nicht im Ungewissen lassen über die, die entschlafen sind, damit ihr nicht traurig seid wie die anderen, die keine Hoffnung haben. Denn wir glauben, daß Jesus gestorben und auferstanden ist, so wird Gott auch die, die entschlafen sind, durch Jesus mit ihm ins Leben führen.«
Die Hoffnung, daß mit dem Tod nicht alles aus ist, sondern daß es ein Wiedersehen gibt in einer anderen Welt und Zeit, diese Hoffnung ist die Grundlage, in rechter Weise zu trauern und Abschied zu nehmen. Und solch einen Weg des Abschieds geht jeder Mensch ja nicht nur einmal, sondern viele Male in seinem Leben. Ihn eben so zu gehen, daß er einen nicht herunterzieht und erdrückt, vom Lebe abschneidet, sondern daß man auf ihm reift und wächst ins Leben hinein, ist unwahrscheinlich wichtig. Ein schwieriges Unterfangen, aber eben doch möglich. Entscheidend ist die Hoffnung, die uns dabei trägt: daß es nämlich ein Leben nach dem Tod gibt.

Im Ersten Testament gibt es eine wunderschöne Erzählung von solch einem Weg des Abschieds. Ein Weg, der wirklich in die Tiefen der Trauer führt, der aber nicht darin stecken bleibt, sondern wieder zurückführt ins Leben, in den Alltag. Ich will Ihnen die Geschichte mit eigenen Worten kurz nacherzählen:
Der Prophet Elia war alt geworden. Er wußte: Lange würde sein Leben nicht mehr dauern. Und so begab er sich auf seinen letzten Weg. Er ging ihn nicht alleine: Elisa, sein Schüler und Freund, begleitete ihn. Die Bibel erzählt, daß Elisa von Gilgal, über Bethel und Jericho an den Jordan ging. Ein Weg bergab, wie ja auch unser letzter Weg ein Abstieg ist – begleitet vom Nachlassen der Körperkräfte und oft auch der Geisteskräfte. Aber – und das war sicher mit das Entscheidende: Elia ging diesen letzten Weg nicht allein; Elisa ging mit.
Damit wird etwas angesprochen, daß uns alle im Hinblick auf unseren letzten Weg bewegt. Ich denke, nur wenige von uns haben direkt Angst vor dem Tod, aber sehr viele haben sicher Angst davor, allein zu sein in ihren letzten Tagen und Stunden. Die Einsamkeit ist oft viel schlimmer zu ertragen als Schmerzen.
Ihre Mutter hat ihren letzten Weg vergleichbar dem des Elia gehen können: begleitet von Ihnen. Gerade in ihren letzten Stunden haben Sie an ihrem Bett gesessen, sind ihr so nahe gewesen, wie Sie nur konnten.
Die Bibel erzählt weiter, daß Elia – am Jordan angekommen – seinen Mantel nimmt und mit ihm ins Wasser schlägt, worauf sich die Wasser teilen. So geht er mit Elisa ans andere Ufer. Dort erlebt Elisa, wie ein feuriger Wagen vom Himmel kommt, Elia aufnimmt und mit ihm in den Himmel fährt. Voller Schmerz und Trauer bleibt Elisa zurück. Er zerreißt sich sein Gewand, ja er ruft nach Gott, er hadert geradezu mit Gott, warum er ihm diesen Verlust zumutet.
Da, wo wir einen Menschen verlieren, der uns viel bedeutet, den wir lieben, da reagieren wir immer mit Trauer und Schmerz, oft mit Zorn. Auch der Glaube an Gott verhindert das nicht. Aber die Hoffnung, die in dem Glauben an Gott ihre Wurzeln hat, die Hoffnung, daß der Tod nicht das Ende und Aus bedeutet, sondern eben »Himmelfahrt«, Heimkehr zu Gott, Auferstehung an Jesu Seite ist, diese Hoffnung hilft uns, mit der Trauer besser zurechtzukommen und sie so zu verwandeln, daß wir wieder ins Leben zurückgehen können mit Gedanken voller Liebe und Dankbarkeit. Sie hilft uns, geliebte Menschen loszulassen, von ihnen getröstet Abschied zu nehmen, weil wie sie ja geborgen und aufgehoben wissen bei Gott.
Von Elisa heißt es in der Erzählung, daß er wieder den Weg zurück über den Jordan ging, daß er wieder in seinen Alltag zurückkehrte und sein Leben im Vertrauen auf Gott, gestärkt mit seinem Geist und mit dem Blick nach vorne wieder aufnahm.
Ich denke, das wird auch bei Ihnen so sein: daß Sie nach einer Zeit der Traurigkeit sich auch wieder werden freuen können. Daß Sie, wenn Ihre Gedan-

ken zurückgehen, nicht Verzweiflung spüren werden, sondern nur Dankbarkeit, daß es die zwei Menschen in Ihrem Leben gegeben hat. Und um im Bild der Geschichte zu bleiben: Ich kann mir gut vorstellen, daß Ihre Mutter und Großmutter ganz überrascht war, am anderen Ufer nicht allein zu sein, sondern ihren lieben Mann dort wiederzusehen, so daß sie auch dort in Liebe begleitet wird – wie sie von Ihnen bis zum Jordan begleitet wurde. Das Leben und das Sterben so verstehen zu können, das ist für mich ein Geschenk, eine Gnade Gottes. Solche Hoffnung ist das Licht, das jede Finsternis durchbricht. Und insofern wünsche ich Ihnen eine gesegnete und tröstliche Adventszeit. Amen.

Ich habe gekämpft

Text: 2. Timotheus 4,7 *Micaela Strunk-Rohrbeck*

Zur Situation
Der Verstorbene war zuletzt Geschäftsführer eines Supermarktes gewesen und kurz nach Beginn des Ruhestandes an Krebs erkrankt. An seinem Kampf gegen die Krankheit nahm das ganze Dorf betroffen Anteil. Beim Trauerbesuch erwähnte die Witwe, sie habe über die Anzeige den Spruch setzen wollen »Gelitten, gekämpft – und doch verloren«. Ihre drei erwachsenen Söhne hatten ihr dies jedoch ausgeredet mit der Begründung »Papa wollte nie verlieren!« Die Ansprache versucht, diese unterschiedlichen Sichtweisen im Licht der biblischen Botschaft zu verarbeiten.

N. N. hat ausgelitten. Nach monatelangem Ringen, nach einem bewegenden Auf und Ab zwischen Hoffnung und Resignation, zwischen Geduld und Verbitterung ist sein Kampf am vergangenen Donnerstag zu Ende gegangen. Uns alle, die wir diese Zeit miterlebt haben – sei es aus unmittelbarer Nähe oder aus einigem Abstand – uns alle hat dieser Kampf zutiefst angerührt. Wir haben mitgebangt und mitgehofft und wohl auch mitgebetet, daß ihm noch einmal Zeit geschenkt würde, daß er vielleicht doch 90 Jahre werden würde, wie er es sich früher immer vorgestellt hatte.
Nun müssen wir ihn schon kurz nach seinem 68. Geburtstag zu Grabe tragen. Und in dieser Stunde des Abschieds, an seinem Sarg, da gehen uns noch einmal all die Gedanken und Fragen durch den Kopf, die uns in den vergangenen Monaten beschäftigt haben: Warum mußte er schon so kurz nach dem Eintritt in den Ruhestand so schwer krank werden? Warum mußte er so sehr leiden, solche Schmerzen ertragen? Und was bleibt von diesem Leben, das für die allermeiste Zeit aufgeopfert wurde im Engagement für seine beruflichen Aufgaben?

Es ist vielleicht menschlich, am Ende eines Lebens nach der Bilanz zu fragen, nach einer Zusammenfassung der Lebenssumme. Zu allen Zeiten haben Menschen am Ende ihres Lebens gefragt nach dem, was bleibt, haben versucht, ihr Leben in einer Zusammenschau zu sehen.
Im 2. Timotheusbrief schreibt der Apostel im 4. Kapitel als Bilanz *seines* Lebens: »Ich habe den guten Kampf gekämpft, ich habe den Lauf vollendet, ich habe Glauben gehalten.« Dieses Bibelwort soll auch im Mittelpunkt unserer Trauerfeier für N.N. stehen, weil es ein Stück weit auch *seine* Lebensbilanz wiedergibt: »Ich habe den guten Kampf gekämpft, ich habe den Lauf vollendet, ich habe Glauben gehalten.«
Ihr Ehemann und Vater war ein Mensch, der sich nicht so leicht geschlagen gab, eine Kämpfernatur. Voller Ehrgeiz hat er sich aus kleinen Anfängen emporgearbeitet, hat sich hohe Ziele gesteckt und sie mit Zähigkeit angestrebt. Von Hindernissen und Widerständen hat er sich nicht entmutigen lassen. Als er früh den Vater verlor, als Wehrdienst und Gefangenschaft seine Pläne durchkreuzten, als er anschließend noch einmal ganz unten anfangen mußte – da hat er sich nicht geschlagen gegeben, sondern seine Kräfte umso mehr angespannt. Er war ein Mensch, der *gern* arbeitete, der seine Aufgaben mit Leidenschaft anpackte, der kämpfte, bis er einen Erfolg sah.
Aber dann, als er in den Ruhestand ging, als er gerade begann, dem Leben auch noch ganz andere Seiten abzugewinnen – da begann der Kampf noch einmal von vorn – und diesmal war es ein Kampf auf Leben und Tod. So wie es schon früher nicht seine Art gewesen war, klein beizugeben, so nahm er jetzt seine Krebserkrankung als eine Herausforderung an. Das hat vielen, die ihn kannten, Respekt abgenötigt, ja, Bewunderung.
Umso herber war die Enttäuschung, als sich mehr und mehr abzeichnete, daß alles Kämpfen letztlich vergeblich sein würde, daß die Verschlimmerung letztlich nicht aufzuhalten war. Das war eine Erfahrung, die uns alle betroffen gemacht hat, die wohl auch manchen hat zweifeln lassen, daß unserem Leben ein Sinn innewohnt. Warum mußte das alles so kommen? Gelitten, gekämpft – und doch verloren?
Nein – der Apostel sagt es für sich anders: »Ich habe den guten Kampf gekämpft, ich habe den Lauf vollendet, ich habe Glauben gehalten.« Das ist eine andere Lebensbilanz; eine, die nicht über die Vergeblichkeit und die Vergänglichkeit trauert, sondern dankbar auf das Erreichte zurückblickt. Diese Bilanz spricht nicht davon, daß ein Leben zu früh abgebrochen wurde, sondern davon, daß ein Lauf vollendet wurde. Und diese Vollendung ist nicht eine Frage von Lebensjahren. Denn unser Leben hat nicht nur eine Länge, sondern auch ein Gewicht. Das, was unser Leben ausmacht, was es wichtig und ge-wichtig macht, das ist nicht die Anzahl unserer Jahre, sondern der Inhalt, mit dem wir es füllen. Da können wenige intensive Jahre mehr wiegen als viele oberflächliche Jahrzehnte.
Sie selbst haben das erfahren in Ihrer Familie, daß gerade die letzten Jahre eine besondere Intensität hatten. Ihr Ehemann und Vater hat in seinem

Ruhestand noch einmal ganz andere Seiten seiner Persönlichkeit entfalten können – als Großvater von Dominik, oder als engagierter Mitarbeiter im Mühlenverein. Und dann, als Ihnen allen die Gefährdung seines Lebens vor Augen trat, da ergaben sich noch einmal ganz neue Erfahrungen miteinander, viel Zeit zum Nachdenken, intensive Gespräche und wohltuende Gemeinschaft. Solche Erfahrungen sind es doch, die bleiben und zählen, die uns danken lassen für diesen Menschen, die uns sein Leben als ein vollendetes erkennen lassen.

»Ich habe den guten Kampf gekämpft, ich habe den Lauf vollendet, ich habe Glauben gehalten.« Dieser Glaube hat auch für den Verstorbenen eine Rolle gespielt – nicht im Sinne von Aussagen, die für wahr gehalten werden müssen, sondern Glauben verstanden als das Wissen um eine Adresse, an die wir uns wenden dürfen, auch mit allem, was unser Leben belastet. Glauben, das bedeutet ja auch: mit Gott ringen, ihm unsere Fragen stellen und ihm unser Leid klagen. Zugleich ist Glauben aber auch die Gewißheit, aus einer unversiegbaren Kraftquelle täglich neu schöpfen zu dürfen. Und wir können erahnen, daß auch Ihr Ehemann und Vater dieses Ringen mit Gott und dieses Gestärktwerden aus Gottes Kraft erlebt hat.

»Ich *habe* Glauben gehalten« und ich *bin* im Glauben gehalten – darauf dürfen wir für den Verstorbenen vertrauen. Bei Gott geht kein Mensch verloren, sondern bei ihm kommt unser Leben ans Ziel. In dieser Hoffnung und in diesem Vertrauen legen wir nun das Leben von N. N., das seinen Lauf vollendet und sein Ziel gefunden hat, dankbar zurück in Gottes barmherzige Hand.

Uns alle muß dieser Tod verändern

Text: 2. Petrus 3,13 *Traugott Schächtele*

Zur Situation
Der Verstorbene war 26 Jahre alt, seit über einem Jahr arbeitslos. Er hatte bereits einen Therapieplatz in Aussicht, als er (zu diesem Zeitpunkt für alle überraschend) in der Nähe eines stadtbekannten Drogenumschlagplatzes tot in einer öffentlichen Toilette aufgefunden wurde.

Liebe Angehörige und liebe Freunde von N. N.!
Traurig macht mich dieser Tod, hilflos und auch wütend.
Traurig macht er mich, weil er sich an einem Menschen vergriffen hat, für den es doch noch lange nicht Zeit war. Ein junger Mensch, unvollendetes, noch blühendes Leben: Wieso hat es gerade ihn getroffen?

Weil auf diese Frage die Antwort nicht leichtfällt, wenn es überhaupt eine gibt, darum macht mich – und doch nicht nur mich – dieser Tod auch *hilflos*. Ja, wirklich, keiner hat dem N.N. am Ende wohl helfen können, obwohl es doch Menschen gab, die es versucht haben. Noch einmal hat er es wissen wollen. Und dieses letzte Mal war schon einmal zuviel. Keine Hand konnte ihn am Ende festhalten und noch einmal ins Leben zurückziehen.
Noch viel mehr aber macht mich dieser Tod *wütend*. Denn an einem solchen Tod haben viele mitgestrickt, da wirken viele Faktoren zusammen: Prägende Erfahrungen auf dem eigenen Lebensweg, die Persönlichkeit, die man ins Leben mitbringt und die immer weiter geformt wird, eigene Schwächen und die Schwächen anderer.
Dieser Tod muß uns alle wütend machen, denn er war nicht nötig. Dieser Tod, den N.N. gestorben ist, verdankt sich neben anderem aber auch dem teuflischen Handeln der vielen Handlanger des Todes weltweit: skrupellosen Menschen, die nicht davor zurückscheuen, in einem Menschenleben nur eine gewinnbringende Handelsmasse zu sehen.
Wie kann man ein Geschäft mit der Sehnsucht junger Menschen nach Leben machen und diese Sehnsucht zur bloßen Sucht verkommen lassen! Da wird Schindluder getrieben mit der Gier nach dem himmlischen Lebensgenuß, indem man tödliche Dosen verabreicht.
Himmel und Hölle – manchmal liegen sie so nah beieinander, daß wir uns im Himmel wähnen und uns plötzlich in den Armen des Todes wiederfinden. Da stand der N. N. so nah an der Tür zu einem neuen, befreiten Leben, ja er stößt diese Tür selber auf. Aber es gelingt ihm nicht mehr hindurchzugehen. Der Tod will ihm sein Leben nicht gönnen. Und keiner weiß wirklich warum.
Sicher: Im Nachhinein meint man immer, schlauer zu sein, versucht zu erklären und zu begründen. Aber es ist nur ein Tappen im Dunkel, ein Herumstochern in trüben Gewässern, ein besserwisserisches Schönreden. Doch wir können den Tod niemals schönreden, auch diesen nicht. Aber wir sind angesichts des Todes auch nicht zur Untätigkeit verdammt. Mag dieser Tod uns hilflos machen: Wir sind dem Tod nicht hilflos ausgeliefert. Wir haben ihm unsere Trauer entgegenzusetzen; unseren unbändigen Willen zu bewahren, was schön war; unseren Glauben an das Leben auch im Angesicht des Todes; und unsere trotzige Überzeugung, daß nicht wir Menschen das letzte Wort über uns selber sprechen, sondern ein anderer.
Gott hat keine Ohren für menschliches Getuschel, für ein hämisch-heimliches »Das habe ich schon immer gewußt«. Gott hat Ohren für unsere Hilfeschreie, für unsere Sehnsucht nach einer anderen, besseren Welt, in der der Tod keine Macht mehr über uns hat. Einen Satz habe ich für diese Trauerfeier ausgewählt, in der dieses Warten und die Sehnsucht zur Sprache kommen. Im 2. Petrusbrief heißt es (3,13):
Wir warten aber auf einen neuen Himmel und eine neue Erde nach seiner Verheißung, in denen Gerechtigkeit wohnt.

Dieser Satz nimmt nicht nur unsere Stimmung auf. Er könnte, so denke ich mir, auch für N. N. gegolten haben und für alle, die sich wie er auf gefährliche Wege begeben. Da ist die Unzufriedenheit mit einer Welt, die sich scheinbar langweilig im gleichen Trott immer nur im dieselbe Achse dreht. Da ist der Reiz besonderer Erfahrungen, die den Regenbogen aufgehen lassen über dem sogenannten grauen Alltag. Vielleicht auch das mangelnde Zutrauen in die eigene Fähigkeit, diese Welt zu verändern.

Es stimmt schon, was manche stärker empfinden als andere: Das Licht, in dem sich die einen sonnen, wirft dunkle Schatten über das Leben der anderen. Nicht nur die Güter dieser Welt sind ungerecht verteilt, sondern auch die Lebensmöglichkeiten. Dies wird der N. N. sicherlich auch gespürt haben. Die Hoffnung auf wahrhaft umwerfende Erfahrungen, die einem herausleben aus der Masse, die Sehnsucht nach einer Welt mit Power, die stärker ist als da tägliche Einerlei, die hat gewiß auch in ihm gesteckt.

Doch wo die Sehnsucht groß ist, schlägt auch die Stunde derer, die vorgeben, den Ausweg aus der Krise zu kennen und die einen in Wirklichkeit noch tiefer hineinführen. Wo uns das Leben bedroht, müssen wir wachwerden und dürfen uns gerade nicht betäuben lassen.

Das Warten auf einen neuen Himmel und eine neue Erde ist ein Warten im Protest gegen den Tod; ein Warten in Trauer und Wut, in Hilflosigkeit und Enttäuschung vielleicht; aber es ist ein Warten, das die Welt verändert. Weil wir uns nicht mehr damit abfinden dürfen, das alles so weitergeht wie bisher.

Der Tod von N. N. und die vielen Toten, die gestorben sind wie er und heute und morgen wieder so sterben, muß uns alle verändern. Euch, die Ihr mit ihm zusammengewesen seid, muß er verändern und Euch den Kopf klar machen, nicht seinen Weg zu gehen. Die, die ihm nahestanden, die hat er schon verändert. Er wird ihnen fehlen. Und er hat ihnen die Würde und die Verletzlichkeit des eigenen Menschenlebens von neuem ins Bewußtsein gerückt.

Uns alle muß dieser Tod verändern. Er muß die Kraft in uns freisetzen, dafür zu kämpfen, daß so nicht mehr gestorben werden muß mitten unter uns. Dies fordert von uns Anstrengungen bis hinein in die Politik. Gott hört nicht nur unser Klagen. Er hört auch die Klagen der kleinen Bauern in den ärmsten Regionen dieser Erde, die im Anbau tödlicher Stoffe oft ihre einzige Überlebensmöglichkeit sehen und die dabei so schamlos ausgenützt werden.

Ich bin sicher: Unsere Hoffnung auf einen neuen Himmel und eine neue Erde ist nicht vergeblich. Denn es ist Gott, der diese Hoffnung in uns nährt und am Leben hält. Dieselbe unbändige Lebenskraft, die auch uns ernährt und am Leben hält – über den Tod hinaus. Wie scheußlich der Tod auch sein mag. Wir gehen nicht vor die Hunde, sondern wir kehren zurück in die Lebendigkeit Gottes. Dort ist auch N. N. gut aufgehoben.

Der Mensch wie ein Baum

Claudia Rudolff

Zur Situation
Plötzlicher Tod eines rüstigen 80jährigen, der sehr mit seiner Familie verbunden war.

Liebe Frau N. N., liebe Trauergemeinde!
Immer wieder gilt der Baum als Symbol für menschliches Leben. Immer wieder werden Menschen mit Bäumen verglichen. In solchen Vergleichen schwingen Gefühle und Eindrücke mit, für die wir nur schwer Worte finden. Als Sie mir vom Leben und Sterben von N. N. erzählten, dachte ich an einen Baum. Dieser Vergleich scheint mir auch deshalb angebracht, da N. N. zeitlebens mit der Natur sehr verbunden war.
80 Jahresringe zählte sein Baum – ein Ring für jedes Jahr, das ihm geschenkt wurde. Der Lebensbaum Ihres lieben Mannes und Verwandten hatte seine Wurzeln in XY. Hier wurde er geboren und wuchs mit seinem Bruder in der Familie auf. Hier hat er auch gelebt und gearbeitet bis auf die schweren Jahre, als er in den Krieg ziehen mußte. Ein Baum ist Gefahren ausgesetzt, wie es die Stürme der letzten Tage zeigten. Doch nicht nur Stürme, sondern auch Dürreperioden, wo das nötige Lebenswasser fehlt, können das Leben eines Baumes gefährden. Auch zu dem Leben von N. N. gehörten solche Zeiten. Ich denke an die schwere Verwundung im Krieg, deren Folgen ihm immer zu schaffen machten oder die ernste Krankheit Anfang der 70er Jahre. Sie, liebe Angehörige, bangten um sein Leben. Doch es erschien Ihnen wie ein Wunder: Er wurde wieder gesund und blühte langsam auf. Seine Wurzeln waren stark genug, um diese Dürreperioden zu überstehen. N. N. durfte es einige Male erleben, daß sein Leben bewahrt wurde. Dafür war er Gott dankbar, denn: So wie den Wurzeln Kaft durch die Erde gegeben wird, in die der Baum eingepflanzt wurde, so lebte N. N. nicht nur aus sich selbst. Für ihn war sie ein Geschenk Gottes, eine Frucht seines Glaubens. Gottes Gegenwart half ihm wieder auf. Deshalb möchten Sie über sein Leben und Sterben die Zusage Jesu stellen: »Siehe ich bin bei euch alle Tage bis an der Welt Ende.« Auch wenn N. N. diese Worte nicht selbst ausgewählt hat, so konnte er gemäß dieser Worte sagen: Gott ist in meinem Leben mitgegangen und hat mich durch Schweres getragen.
Doch wir wollen in dieser Stunde vor allem auf die Zeiten blicken, wo sein Lebensbaum in voller Blüte stand, wo Sonnenschein die Blätter in sattem Grün erscheinen ließ und der Baum stark und fest stand. Zu diesen Zeiten gehören zunächst die fast 51 Ehejahre mit Ihnen, liebe Frau N. N. Sie konnten gemeinsam die Goldene Hochzeit feiern und miteinander Rückschau halten. All die Jahre waren Sie füreinander da, haben füreinander gesorgt

und sich ergänzt. Seit Ihr Mann nicht mehr arbeitete, half er bei der Hausarbeit und Sie freuten sich, daß Sie beieinander sein konnten. Viele Erinnerungen, auf die Sie in Ihrer Trauer dankbar zurückschauen können. Zu den schönen Zeiten gehörten auch die Geburten der Kinder, deren Hochzeiten und die Geburten der Enkel, und Sie konnten sogar die Silberhochzeiten beider Kinder mitfeiern. Viele schöne Feste, auf denen N. N. ein unterhaltsamer und gern gesehener Gast war. Für Sie, seine Kinder, war er ein Baum, an dem Sie sich auch mal reiben konnten, – ein Baum, an den Sie sich aber auch anlehnten und der Ihnen auch Vorbild war. So gehörten Wahrhaftigkeit und Ehrlichkeit zu den Prinzipien von Ihrem Vater, die er an Sie weitergab. Diese Werte schätzen Sie, weil dadurch ein Zusammenleben ermöglicht wurde, in dem Konflikte durch Dialoge und Diskussion gelöst werden. Sie und Ihre Familien haben deshalb auch viele Bilder vor Augen, durch die N. N. in Ihrem Herzen weiterleben wird.

Viele von uns haben den Verstorbenen kennen und schätzen gelernt, sei es im Verein oder der Partei, sei es durch die Arbeit, wo so manchen seine Hilfsbereitschaft in guter Erinnerung bleibt. Er gehörte auch zu den Menschen, die Langeweile nicht kannten. Musik und Gartenarbeit zählten zu seinen Hobbies, die ihm viel Lebensfreude gaben. Den Garten liebte er, denn in seiner Generation wissen Menschen noch, wie wertvoll Saat und Ernte sind – wie kostbar eigene Erzeugnisse waren, als im Krieg die Lebensmittel knapp waren.

Viele Stationen im Leben von N. N., wo Gottes Freundlichkeit durch die Blätter seines Baumes schien und ihm in Rückblick sagen lassen könnte: Ja, da war ein guter Gott, der mitging und sprach: Siehe ich bin bei dir alle Tage bis an der Welt Ende. Am Ende seines Lebens nun kein langer Leidensweg, sondern ein plötzlicher Tod. Für ihn ein gnädiger Tod, für Sie, liebe Angehörige, ein schwerer Abschied, da ohne Vorwarnung eine große Lücke in Ihrer Mitte entstanden ist.

Beim Abschiednehmen möge Ihnen die Hoffnung helfen, daß der Tod nicht das letzte Wort hat. Gott vermag aus dem abgestorbenen Baum neue Triebe und neues Leben hervorwachsen lassen. Leben, das unsere menschlichen Vorstellungen sprengt, weil es nicht in Raum und Zeit anschaulich zu machen ist. Dennoch neues Leben bei Gott. Auch nach dem Tod hebt er seine Zusage nicht auf: Siehe, ich bin bei dir.

Dieses Vertrauen kann allen Trauernden und besonders Ihnen, Frau N. N., helfen, in den Abschied einzuwilligen. In der kommenden Zeit werden Sie überall daran erinnert, was mit N. N. verlorengegangen ist. Doch möge Sie die Dankbarkeit für die vergangenen Jahrzehnte und Ihr Glauben stärken, den Verlust anzunehmen und allmählich wieder vertrauensvoll in die Zukunft zu blicken. Denn: Auch auf unseren Wegen geht ein Gott mit, der alle Tage bei uns ist bis ans Ende der Welt.

Liturgische Texte

Formulare

Für eine Bestattung ohne Angehörige und Trauerfeier
Kurt Dohm

Am Grab
Falls niemand außer dem Pastor anwesend ist, werden die Träger gebeten, nach dem Absenken des Sarges noch dazubleiben.

Im Namen Gottes, des Vaters und des Sohnes und des Heiligen Geistes. Amen.
Der Friede des Herrn sei mit uns allen.

Wir beten aus dem 25. Psalm:
Zu dir, o Herr, erhebe ich meine Seele,
auf dich warte ich allezeit, mein Gott.
Zeige mir, Herr, deine Wege, deine Pfade lehre mich.
Leite mich in der Wahrheit,
denn du bist der Gott meines Heils.
Gedenke, o Herr, deiner Barmherzigkeit und deiner Gnade,
die von Ewigkeit her sind.
Wende dich zu mir und sei mir gnädig;
denn ich bin einsam und elend.
Erlöse mich von den Ängsten meines Herzens,
führe mich heraus aus meinen Nöten.
Nimm hinweg meinen Jammer und mein Elend
und vergib mir alle meine Sünden.
Bewahre meine Seele und errette mich;
laß mich nicht zuschanden werden,
denn dir vertraue ich. Amen.

Der Apostel Paulus schreibt im Brief an die Römer (8,35.38 f.)
Kann uns irgendetwas von Christus und seiner Liebe trennen? Etwa Leiden, Not, Verfolgung, Hunger, Entbehrung, Gefahr oder Tod? Nein, inmitten all dem triumphieren wir mit Hilfe dessen, der uns seine Liebe erwiesen hat.
Ich bin gewiß, daß uns nichts von dieser Liebe trennen kann: weder Tod noch Leben, weder Engel noch andere Mächte, weder Gegenwärtiges noch Zukünftiges, weder etwas im Himmel noch etwas in der Hölle. Durch Jesus Christus, unseren Herrn, hat Gott uns seine Liebe geschenkt.
Darum gibt es in der ganzen Welt nichts, was uns jemals von der Liebe Gottes trennen kann.

Wir beten:
So wagen wir es nun auch, dir, Gott, diesen Menschen anzuvertrauen. Von allem mag er getrennt gewesen sein. Einsam hat er gelebt, einsam ist er gestorben. Aber in deiner Liebe bleibt er dennoch geborgen.
Dir befehlen wir darum das Leben dieses Menschen an, alles, was er getan hat an Gutem, worin er stark gewesen ist, womit er sich die Freundschaft anderer erworben hat, aber auch seine Schuld und seine Versäumnisse.
Nimm das Werk seines Lebens in Gnaden, sei barmherzig mit allem, was unvollkommen geblieben ist, gib du Ruhe und Frieden am Ende dieses Lebens.
Vor dir nennen wir den Namen dieses Menschen, mit dem du ihn bei seiner Taufe gerufen hast und der in deinem Gedächtnis bewahrt bleibt: . . . . .
Und zum Zeichen der Hoffnung, daß Gott diesem Menschen und uns allen einen neuen und unsterblichen Leib geben wird und zum Zeugnis unseres Glaubens an die Auferstehung, segne ich diesen toten Leib und spreche: Gott, der Allmächtige und Barmherzige, der Vater und der Sohn und der Heilige Geist segne und behüte deinen Ausgang und Eingang von nun an bis in Ewigkeit. Amen.
Wir legen nun seinen Leib zurück in Gottes Boden,
Erde zur Erde, Asche zur Asche und Staub zum Staube.
Denn von Erde ist der Mensch genommen, zur Erde soll er wieder werden.
Jesus Christus aber wird ihn auferwecken am Ende der Zeiten.
Seiner Liebe vertrauen wir diesen Menschen an.
Er führe ihn zur Vollendung und schenke ihm das ewige Leben. Amen.

Vaterunser im Himmel . . .

Es segne und behüte uns alle, Gott, der Allmächtige und Barmherzige, der Vater und der Sohn und der Heilige Geist. Amen.

Für eine Beerdigung ohne Leidtragende *Helmut Siegel*

In der Kapelle
Im Namen des Vaters und des Sohnes und des Heiligen Geistes. Amen.

Wir sind hier, um N. N. zu begraben, die/der im Alter von . . . Jahren starb.
Ich bin hier, weil es mein Beruf ist, an Sarg und Grab von der Hoffnung auf die Auferstehung der Toten zu reden, das Recht Gottes auf jeden Menschen zu proklamieren, ob er nun lebt oder gestorben ist und niemandes Tod einfach so hinzunehmen.
(Zu Trägern und Bestatter): Es ist Ihr Beruf, auf dem Friedof hier für eine Beerdigung zu sorgen. Ich danke Ihnen, daß Sie mit in die Kapelle gekommen sind, so daß ich nicht allein bin an diesem Sarg.

So redet das AT von der Vergänglichkeit des Menschen:
Psalm 90 i. A.
Psalm 103

Das Neue Testament setzt dem Tod die Hoffnung entgegen, so schreibt der Apostel Paulus:
Römer 8 oder 1. Korinther

Laßt uns beten:
Unser Gott! Ein Mensch ist gestorben, wir müssen ihn begraben. Wir haben sie/ihn nicht gekannt, aber uns läßt ihr/sein Tod nicht gleichgültig. Wie muß dies Leben einsam gewesen sein, wenn nach ihrem/seinem Tod niemand fragt; wie schlimm ist es, wenn ihr/sein Tod alle gleichgültig läßt. Darum bitten wir Dich für sie/ihn: Lasse sie/ihn deine Nähe spüren, verlaß Du sie/ihn nicht, sondern schenke ihr/ihm Geborgenheit bei Dir im Tod und neues Leben aus dem Tod.
Wir beten gemeinsam:
Vater unser im Himmel ...
Laßt uns nun die/den Verstorbenen zu seiner Ruhestätte bringen!

Am Grab
Wir begraben nun N. N. (geb. N.), die/der im Alter von ... Jahren starb.
Absenken des Sarges
Erde zu Erde, Asche zu Asche, Staub zum Staube.
Gott der Herr wird dich auferwecken an seinem Tag!
Gott lehre uns bedenken, daß wir sterben müssen, damit wir klug werden.
Er segne uns und behüte uns, er lasse leuchten sein Angesicht über uns und sei uns gnädig. Er erhebe sein Angesicht auf uns und gebe uns Frieden.

Für eine Urnenbeisetzung *Johannes Gerrit Funke*

Situation
Trauerfeier liegt schon zurück

Am Grab
Wir hören noch einmal auf die Zusagen aus dem Evangelium, die uns schon bei der Trauerfeier für N. N. begleitet haben: (Verlesung der Textstelle/n)
Wir nehmen Abschied von N. N.
Er/sie ist im Alter von ... Jahren durch den Tod von uns genommen worden.
Wir vertrauen darauf, daß Gott ihn/sie auch im Tod in seinen Händen hält. Denn Jesus Christus ist für ihn/sie gestorben, und so gilt ihm/ihr das Versprechen Gottes, das er in der Auferstehung von Christus gegeben hat.
(Erdwurf)

Asche zur Asche, Staub zum Staube.
Gott sei dir gnädig und erweise dir seine Treue.
Gott hat gesagt: »Fürchte dich nicht. Denn ich helfe dir. Ich habe dich bei deinem Namen gerufen. Du bist mein.« (vgl. Jes 41,14 und 43,1)
Lassen Sie uns an diesem Grab beten:
Guter Gott, bewahre uns gegen alles, was uns nur von Dir trennen möchte, so wie der Tod uns voneinander trennt. Bewahre uns in der Not der Trauer und verwandle unsere Traurigkeit in eine dankbare Erinnerung und in die Hoffnung, die auf Deine Zukunft für alle Welt blickt.
Vater unser ...

Segen

Für eine Beerdigung allgemein *Eckhard Herrmann*

Lesung
Der Prediger des Alten Testaments schreibt:
»Alles hat seine bestimmte Stunde,
jedes Ding unter dem Himmel hat seine Zeit.
Geboren werden hat seine Zeit,
und Sterben hat seine Zeit.
Pflanzen hat seine Zeit,
und Ausreißen hat seine Zeit.
Einreißen hat seine Zeit,
und Bauen hat seine Zeit.
Weinen und Lachen,
Klagen und Tanzen,
Umarmen und Sich-Meiden,
Suchen und Verlieren,
Schweigen und Reden ...
alles hat seine Zeit.
Aber alles, was Gott tut, gilt ewig;
man kann nichts dazutun und nichts davonnehmen;
Gott hat es so gemacht.«
[aus Prediger 3]

Anrede an die Hinterbliebenen
Liebe/r Frau/Herr N., liebe Trauergemeinde!
»Alles hat seine Zeit.«
So ein – an sich ja selbstverständliches – Wort auszusprechen und dabei seine bittere Konsequenz zu bedenken, fällt schwer angesichts des Todes eines/einer nahen Angehörigen:

des Ehemannes/der Ehefrau,
des Vaters/der Mutter.
des Großvater/der Großmutter
etc.
... fällt schwer angesichts des Todes eines Menschen, der Ihnen am Herzen lag, den Sie gern hatten, den Sie liebten;
... fällt schwer, auch wenn und obwohl Sie sich auf diesen Abschied, auf das Ende, auf den Tod vielleicht schon ein wenig vorbereiten konnten.
»Alles hat seine Zeit.«
Auch die Trauer.
Ich wünsche Ihnen, daß Sie Menschen finden, die Ihnen – nicht nur in dieser Stunde, sondern auch, ja vielmehr noch in den kommenden Wochen und Monaten – beistehen; Menschen, die Ihnen durch ihre Nähe den Trost schenken, den Sie brauchen, und die Kraft, die Ihnen helfen wird, Ihre Trauer zu überwinden.
Jesus Christus spricht: »Kommt her zu mir alle, die ihr mit Kummer und Sorgen beladen seid; ich will euch helfen.«
Ich wünsche Ihnen, daß Sie miteinander – im Vertrauen auf Gott – Wege finden, die Sie aus der Dunkelheit ins Licht, aus der Verzweiflung in die Hoffnung, aus der Trauer zu neuem Lebensmut führen werden.

Aussegnung
Wir nehmen Abschied von N. N.,
der/die gestorben ist.
Wir geben ihn/sie zurück in Gottes Hand.
Erde zu Erde. Asche zu Asche. Staub zu Staub.
Gott sei dem/der Verstorbenen gnädig.
Wir vertrauen darauf, daß er ihm/ihr auch im Tod die Treue hält und seine Liebe erweist, die größer ist als wir uns das vorstellen können.
Der Friede Gottes, des Vaters und des Sohnes und des Heiligen Geistes, sei mit ihm/ihr.
Vaterunser

Segen

Liturgische Elemente für einen Abschiedsgottesdienst in der Kirche *Stefan Claaß*

Begrüßung
Schalom! Gottes Friede sei mit euch!
Er ist der Liebhaber des Lebens, auch durch den Tod hindurch. Deshalb feiern wir Gottesdienst in seinem Namen – des Vaters, des Sohnes und des Heiligen Geistes.

Was uns zusammenführt – es ist das Vorausgehen von N.N. Nirgendwo anders könnten wir diesen Gottesdienst feiern als in der ...kirche – dort, wo auch N.N. immer wieder Stille fand, mitdachte, mitarbeitete, betete und musizierte.
Gottesdienst mit Musik – mit Bildern – mit Worten:
»Immer noch die Handschrift des Schöpfers« – ich leihe mir dieses Erstaunen bei der Dichterin Christine Busta.
»Immer noch die Handschrift des Schöpfers, / wiedererkannt und unverstanden ... / Wir zeichnen uns ein an den Rand / staunend, / fragend, / aufsässig, / müde. / Dunkler wird es / und kälter, / Zeit für die Lampe des Engels, / der nicht diktiert, / der uns liest.«
Das Licht des Engels scheint heute über den Bildern, den Worten, die N.N. eingezeichnet hat – in unser Leben und in den, der es liebhat.

Fürbitten
(*Zwischengesang:* Kyrie eleison, EG 178.9, orth. Liturgie aus der Ukraine)
Liturg/in: Kyrie, Herr, unser Gott:
I. Wir beten für N.N.
Sie hat gelebt – mit dir und mit uns, beides untrennbar verbindend. Du hast sie uns geliehen – auf Zeit, gefüllte, kostbare Zeit. Durch sie hast du uns angesteckt: heiter zu sein und getrost, wach und neugierig, nachfragend und wagemutig, unmittelbar zu sein – in jedem Augenblick. Wir geben sie in deine Hand zurück – dankbar mit wundem Herzen.
Kyrie eleison ...
II. Gott, unser Helfer: unsere Kranken bringen wir zu dir. Nacht sehen sie um sich. Ihre Augen verlangen nach deinem Licht, das nicht die Krankheiten, sondern die Kranken sichtbar werden läßt. In deinem Licht sehen wir Bewegung; in deinem Licht keimen Blüten der Hoffnung.
Kyrie eleison ...
III. Gott, aus dir wachsen unsere Kräfte. Wir beten für Schwestern und Pfleger, für Ärztinnen und Ärzte, für alle Menschen mit helfenden Händen. Gib Nahrung ihrem Feuer, damit sie nicht ausbrennen. Gib Manna ihren Seelen, damit die Schritte der Müden wieder leicht werden.
Kyrie eleison ...
IV. Gott, für uns Traurige beten wir. Einen geliebten Menschen loszulassen, macht unser Herz eng und unsere Luft knapp. Wir zehren vom Erinnern und sind unsicher auf unserem Weg. Hauche uns deinen Hoffnungsatem ein, Gott, denn wir wissen nicht, wie lange unser Vorrat reicht. Wir warten auf dich: komm uns entgegen, Tröster!
Kyrie eleison ...
V. Daß du uns mitten in deine Schöpfung hineingesetzt hast, Gott, können wir nicht genug bestaunen. Einem Menschen begegnen – eine Blume anschauen – einem Regenguß ausgeliefert sein und einen Schirm teilen – ein Wort buchstabieren – eine Kantate hören – die Stimme wiedergewin-

nen und am Sterbebett singen – Erfahrungen fallen uns zu wie Geschenke über die Paradiesmauer. Wir wollen achten und hegen, Gott, was uns so lieb ist.
Kyrie eleison ...
VI. Wir suchen nach dem Samen des Friedens und graben nach Gerechtigkeit, Gott. Warum steckt er so tief, daß er das Tageslicht kaum erblickt? Hilf uns gießen und pflegen, Stifter des Friedens, damit der Same aufgehe in Kroatien und Serbien, in Israel und Südafrika, im Sudan und in Haiti. An allen Enden sehnt sich die Erde nach dem Keimen deiner Saat.
Kyrie eleison ...
VII. Unser Durst ist groß, Gott, wir wollen uns satt trinken, tauf-wasser-satt. Unser Hunger ist groß, Gott, aber wir wissen auch, daß selbst der große Gemeindetisch in der ... kirche deine Gaben nicht zu fassen vermag. Dein Tisch – die Gemeinschaft der Geladenen: Sie reicht hinaus über diesen Ort. Sie reicht hinaus über diesen Tag. Sie reicht hinaus über unser Leben. Wir beten mit den Worten dessen, der uns einlädt:
Vater unser im Himmel ...

Segensgebet
Ein Reisesegen aud Irland verbindet N.N. – und uns – und Gott:
Der Segen der Erde, der guten, der reichen,
sei für dich da.
Weich sei die Erde dir, wenn du auf ihr ruhst,
müde am Ende des Tages,
und leicht ruhe die Erde auf dir am Ende des Lebens,
daß du sie schnell abschütteln kannst,
und auf und davon
auf deinem Weg zu Gott.

Quellen:
Leider weiß ich nicht mehr die Fundstelle des Gedichts von Christine Busta (»Marginalien«).
Der irische Segen ist entnommen aus: Hermann Multhaupt, Möge der Wind immer in deinem Rücken sein, Alte irische Segenswünsche, Aachen 1992.

Zum Eingang

Carola Krieg

Zur Situation
18jährige stirbt an Magersucht.

Liebe Gemeinde, liebe Familie
wir sind tief betroffen und fühlen mit Ihnen, weil das Leben Ihrer Tochter so früh zu Ende gegangen ist.
Wir suchen miteinander nach einer Antwort auf die Frage »Warum?«. Wir wollen Sie nicht alleine lassen.
Wir wollen ehrlich voreinander sein, den Schmerz zulassen, herausschreien, daß es die ganze Welt hören soll. Es bricht aus uns hervor, die quälende Frage »Warum mußte N. N. sterben?«. Wir wollen alles Quälende aus unserer Brust herausschreien, daß es nicht nur alle Menschen hören sollen, sondern auch Gott.

Gott wollen wir unser Leid klagen;
wir beten:
Wir sind verloren, Gott, im Augenblick,
wie einsame Vögel auf großen Dächern
im Winter ohne Nahrung.
Wir spüren die Ohnmacht, Gott, im Augenblick,
wir fühlen das ganze Elend
wie eine schwarze Nacht.
Mit unserer Kraft sind wir am Ende, Gott,
wie aus heiterem Himmel.
Wir sind mit uns selbst beschäftigt
und wollen nicht an dich, Gott, denken.
Gott, fern und unergründlich erscheinst du uns.
Wir können nicht begreifen,
daß N. N. nicht mehr bei uns ist.
Noch quälen uns Gedanken und Fragen,
auf die wir keine Antwort haben.
Wir möchten zur Ruhe kommen,
aber wir fürchten uns vor der Stille.
Wir fürchten uns vor unserem Ausgeliefertsein an das Nichts,
an böse Gedanken, die uns vom Leben wegbewegen.
Unser Herz ist leblos.
Unsere Beine verlieren den Boden.
Wir sind gelähmt angesichts dieses Todes.
Amen.

Gebet   *Eckhard Herrmann*

Der Friede des Herrn, unseres Gottes, sei mit uns allen. Amen.
Wir sind hier, um Abschied zu nehmen.
Abschied von N. N., der/die gestorben ist.
Abschied von gemeinsam verbrachten Zeiten,
gemeinsam erlebten Ereignissen,
gemeinsam genossenen Augenblicken.
Abschied nehmen müssen tut weh.
Es stimmt traurig
und es nötigt uns Fragen auf.
Fragen nach dem, was war,
nach dem, was ist,
und nach dem, was wird.
Auch aus uns.

Was, wenn niemand da ist,
der uns tröstet,
der unsere Fragen hört
und uns hilft, Antworten zu finden.

Wir wollen vertrauen
auf Gott, der uns verspricht:
»Ich will euch trösten, wie eine Mutter ihr Kind tröstet«;
auf Jesus Christus, der uns Hoffnung schenkt:
»Ich bin das Licht der Welt; für diejenigen, die mit mir gehen, wird es nicht
dunkel bleiben«;
auf den Heiligen Geist,
der uns hilft, unsere Trauer zu überwinden
und der unserem Leben wieder Sinn gibt.

Gebet   *Berthold W. Haerter*

Herr, unser Gott, mitten im Leben geschah dieser Tod.
Wir können ihn nicht begreifen.
Es geschah plötzlich und unerwartet.
Herr, unser Gott, wir müssen erleiden, was geschehen ist und ertragen, was
wir nicht begreifen können.
Gott, wir kennen den Lebensweg eines Menschen nicht.
Du allein bestimmst Anfang und Ende.
Von Dir erhoffen wir auch den Trtost in dieser Stunde und dieser Zeit.
Laß ihn uns erfahren, damit wir leben können.
Amen

Meditativer Beginn　　　　　　　　　　　　　　　　*Arno Schmitt*

Meinen Kopf
In einen leichten Schoß betten ...

Meine Stirn
In eine kühle Hand legen ...

Meine Schwere
Im dunklen Schrank vergraben ...

Meine Trauer
In ein gesummtes Lied verwandeln ...

Meinen Kinderwunsch
In Gottes großes Ohr flüstern ...

(Pause)

Gott weiß.
Er ist dir nah.
»Menschenkind!«, höre ich ihn sagen:
»Nimm dein geträumtes Bett ... und komm!«

Am Grab

Segensworte　　　　　　　　　　　　　　　　　　*Arno Schmitt*

Gott segne die Erde, auf der ich jetzt stehe!
Gott segne den Weg, auf dem ich jetzt gehe!
Gott segne das Ziel, für das ich jetzt lebe!

Segne, was ohne Antwort ist!
Segne, was meine Liebe braucht!
Segne, worauf meine Hoffnung ruht!

»Die mit Tränen säen, werden mit Freuden ernten ...«
Mein Gott: Ich lasse dich nicht, du segnest mich denn!

Segen sei mit dir,
der Segen strahlendes Lichts!
Die Sonne leuchte dir und erwärme dein Herz,
bis es zu glühen beginnt wie das Torffeuer,
dem der Fremde sich nähert,
sich daran zu wärmen!

Bist weite Wege gegangen.
hast sie kennengelernt,
die »finsteren Täler«,
und ob du durchkämst, ankämst – stand dahin.
Spuren haben sich eingegraben.
Hast viel gesammelt auf deiner Reise.
Nichts ist umsonst – du wirst sehen:
Begreif es als Geschenk,
halt es nicht zurück,
teil es mit anderen.
Gottes Segen braucht Menschen, sein Werk zu tun!

(In Anlehnung an einen alten irischen Segen)

Segenswort *Bernhard von Issendorff*

In Gottes Arme
   befehlen wir dich: N.N.
Er lasse weitergehen
   den Segen, der in diesem Leben war.
Er vergebe alles,
   was in diesem Leben mißlang.
Wir befehlen ihm auch unser Leben.
Der Herr segne unser Wollen, Handeln und Lassen.
Der Herr vergebe uns Irren, Scheitern und Unterlassen.

Bestattungsakt *Bernhard von Issendorff*

Wir nehmen Abschied von: N.N.
Unsere Herzen sind voll Traurigkeit über den Verlust, den wir vor dir beklagen. Wir verstehen die Welt nicht mehr und beten zu Dir, daß, was wir nicht verstehen, bei Dir einen Sinn erhält. Wir halten Dir vor, daß Du uns Deinen Beistand verheißen hast bis ans Ende der Welt.
Du wirst wahr machen, was Du verheißen hast, dessen sind wir gewiß.
So nimm die/den Verstorbenen auf in Deine ewige Liebe.
Was hier vergeht, bleibt bei Dir ewiglich.
Wir geben den Leib zurück in den Staub, von dem er genommen, in die Erde, über die er gegangen, in die Stille, aus der er gekommen.
Erde zu Erde. Asche zu Asche. Staub zu Staub.

Beisetzung der Urne   *Bernhard von Issendorff*

Von dem Leib des Menschen bleibt wenig:
Erde zu Erde, Asche zu Asche, Staub zu Staub.
Wir übergeben, was vom Leib N. N. blieb der Erde.
In unserer Liebe räumen wir den Verstorbenen Leben ein:
Erinnerungen, Ermahnungen und Segnungen.
Was unter uns gut war, soll unter uns weiterleben.
Alles aber bleibt in Gottes grenzenloser Liebe.
»Nun aber bleiben Glaube, Hoffnung, Liebe, diese drei,
die Liebe aber ist die Größte unter ihnen.« (1. Kor 13,13)
In Gottes Liebe bleiben wir bewahrt bis zum Ruf zur Auferstehung.

Nachrufe

Dieter Schupp

N. L. war eine stadtbekannte Persönlichkeit und übte mehrere Berufe teilweise gleichzeitig, teilweise hintereinander aus. Er war Lehrer und Musiker, Journalist und Kritiker, Autor und Fotograf, Museumsleiter und Stückeschreiber, zuletzt Besitzer einer Jazzkneipe in der Innenstadt.
N. L. war geschieden. Im Alter von 21 Jahren trat er aus der katholischen Kirche aus. Aus seinem Freundeskreis bat man mich um einen Nachruf an seinem Grab.

Es gibt Menschen, die beneidet man um ihre Eigenschaften und um ihre Fähigkeiten ohne eine Spur von Neid.
Die Schwächen, die sie haben, nimmt man ihnen nicht übel und weiß noch nicht einmal zu sagen, warum. Man gönnt ihnen ihre kleinen und großen Erfolge und ist nicht schadenfroh, wenn ihnen was mißglückt.
Die Rede ist von N. L.
Wir alle haben an seinem Leben Anteil genommen, waren gern mit ihm zusammen. Ihm zuzuhören war eine Freude, und ganz besonders schön war es, mit ihm gemeinsam zu essen und zu trinken, zu lästern und zu lachen, nachzudenken und vorauszuplanen, zu spintisieren und zu fantasieren.
Können wir uns auf ein paar Eigenschaften einigen, die uns an ihm aufgefallen sind? Tolerant, das war er auf jeden Fall gewesen, also auch freundlich, weitherzig und entgegenkommend. Ich nehme nicht an, daß es hier einen

Widerspruch gibt. Und wenn doch, dann nur, weil ich einige andere Eigenschaften noch nicht genannt habe. Zum Beispiel witzig und pfiffig, leutselig, unterhaltsam und umgänglich. Das mit Bestimmtheit, und der eine oder die andere mag bei sich nun weitere Eigenschaften nennen.
N. L. war wer in unserer Stadt.
Was er sich ausdachte und was er unternahm, hatte Hand und Fuß. Er besaß die Gabe, beweglich zu sein, wenn er etwas auf den Weg bringen wollte. Erkannte er etwas für richtig, so hielt er sich so gut wie nie an die Richtlinien. War etwas weiter zu denken, so nahm er wohl die ihm gesteckten Grenzen wahr, aber einengen ließ er sich nicht.
In meinen Augen war N. L. im besten Sinne des Wortes ein Anarchist. Jede Form von Herrschaft des einen über einen anderen lehnte er entschieden ab. Öffentlich. Und stets weigerte er sich, sich von anderen vorsagen zu lassen, was Wahrheit ist und was nicht. Auf Rang oder Titel legte er keinen Wert, eine Autorität zu sein war ihm zuwider. So zu denken, zu glauben und zu leben ist übrigens gute protestantische Tradition.
So einer wie er kannte sich – das mag einige von uns verwundern – sehr gut in der Bibel aus, Augustinus »Bekenntnisse« hatte er mehrmals gelesen und mit niemanden konnte ich mich so trefflich über Paul Tillichs »Systematische Theologie« unterhalten wie mit ihm.
In seinen Artikeln hat er nur selten jemanden zitiert. Er gab offen zu, nicht objektiv sein zu können. Die Pfuscher und die Schluderer nannte er bei ihrem Namen, und wenn es um die Wahrheit ging, nahm er kein Blatt vor den Mund. Doch nie war seine Kritik beleidigend oder gar verletzend.
Auch war er kein Rechthaber, der mit Vorsatz all denen weh tut, die er nicht neben sich dulden mag. Er hatte wohl die Gabe, einen jeden so leben lassen zu können, wie er leben wollte. Und so erstaunt es auch nicht, daß in seinem Arbeitszimmer Fotos von Newton hingen, aber auch eine Reproduktion Jacopo Tintorettos »Die Entstehung der Milchstraße«. Im Bücherregal stand Konsalik neben dem philosophischem Werk Blochs und einen Gedichtband von Rosa Ausländer. Und am Karfreitag hörte er sich mit Begeisterung die Johannes-Passion in unserer Kirche an, saß aber drei Tage später beim Westerhagen-Konzert in der ersten Reihe und schrieb eine glänzende Kritik.
Für viele von uns, für uns alle?, war es ein wahres Glück, daß es N. L. gegeben hat, obwohl er keinem von uns je etwas geben und niemals etwas von uns haben wollte. Vielleicht war er gerade darum uns ein guter Freund.
Wir danken Gott, daß es ihm gegeben hat, und daß wir ein Stück Zeit mit ihm gemeinsam leben und erleben durften. Ohne ihn wäre unser Leben um einiges ärmer.
N. L. wird uns fehlen.
Kann man – vor Gott – etwas Größeres je über einen Menschen sagen?

Jürg Kleemann

Der Evangelische Friedhof von Florenz, degli Allori, sammelt seltsame Schicksale aus vielen Ländern. Die lutherische Gemeinde lernt an den Gräbern immer wieder das Staunen.

Noch ist sie ganz nahe. Mit ihrem Lächeln, das sich in einem sehr bewußt und bewegt gestalteten Leben formte und uns – wieder und nocheinmal – vor Fragen stellt: Ihr glaubt doch wohl nicht im Ernst, »daß ich so einfach verschwinde, womöglich ein bißchen Asche in einer kleinen Schublade« hier auf degli Allori? Bin ich nicht zuhause im Wort, im Geschriebenen, im Gedruckten? Bin ich nicht bei Euch, wenn ihr ein Buch zur Hand nehmt, so neugierig und frei, wie nur Leser und Leserinnen es sein können? ... Ja, das ist ihre wahre Adresse: der sogenannten »Planet Gutenberg«, das gedruckte Wort also, dem ihre Leidenschaft und ihr Beruf als Redakteurin galt. In der Kultur des Buches und Schreibens zuhause, war A. v. C. uns Protestanten treu, weil Reformation und das gedruckte Wort zusammengehören. Das aber geht zurück auf die Schriften der Tora, auf Mose. Darum war für A. v. C. das Rätsel jüdischen Daseins wichtig und Antisemitismus verhaßt. Und so widme ich ihr einen zentrales Wort aus dem Buche des Exodus: »Ich bin der Herr, dein Gott, der ich dich aus der Knechtschaft, aus Ägypten geführt habe. Du sollst keine anderen Götter neben mir haben.« Dies, in Stein gemeißelte, auf Schriftrollen und Buchseiten geschrieben, war und ist der richtige Gott für A. v. C.!
Lesen macht keinen Lärm, macht frei – und trotzdem verfiel diese kritische Bewohnerin der Welt gedruckter Worte keiner protestantischen Eigenbrötelei! Auf ihrem Exodus fort von brauner und roter Massenhysterie kehrte sie doch auf unseren Kirchenbänken ein, war vielen von uns eine kritische Freundin. Hielt auch Toten die Treue, erinnerte uns an vergessene Gräber und Namen. Von jetzt an werden wir an ihrem Ruheplatz haltmachen. Und lesen, was sie als Grabinschrift uns aufgeschrieben hat: »Außer Reichtümern habe ich Alles gehabt. Das Wertvollste waren mir die Freundschaften«. Diese Worte, mitten in traurigen Staub und steinernes Schweigen geschrieben, zeigen ein befreites Lächeln. So ist A. ganz sie selbst und zugleich Gottes. (Florenz, degli Allori, 15.5.1993)

Gebete

Klagepsalm eines trauernden Menschen   *Ulrich Tietze*

Warum, Gott, hast du mir das angetan?
Warum hast du mir diesen Menschen genommen,
der mir so viel bedeutet hat?
Du weißt doch:
ich habe diesen Menschen gebraucht –
seine Nähe und Zuwendung,
seine Worte und sein Schweigen,
die Berührung seiner Hände am Morgen und am Abend.

Warum hast du mir das angetan?
Ich gehe unruhig umher und suche nach einer Antwort.
Aber ich finde keine, die mir genügt.
Der Mensch, den du mir entrissen hast,
hatte an keiner schweren Krankheit zu leiden,
war im Besitz seiner Kräfte,
von denen er mir gern und oft abgab.

Dieser Tod ergibt keinen Sinn für mich.
Ich klage zu dir hin, Gott,
und traue mich zu sagen: Ich klage dich an.
Soll ich dir weiter vertrauen können,
wenn du mir so Unbegreifliches zumutest?

Ich werde still und lausche in mich hinein.
Und andere Gedanken tauchen auf
als die der Anklage und Verzweiflung.
Gedanken gehen zurück in die langen Jahre,
die ich mit diesem Menschen,
der jetzt tot ist,
habe teilen dürfen.

Viele meiner Erinnerungen bleiben lebendig,
auch wenn das Geschehene weit zurückliegt.
Ich fühle mich von ihnen getragen und begleitet,
auch jetzt – auch im Schmerz, in der Trauer,
im Gefühl der Hilflosigkeit.

Ich kann dir, Gott, jetzt noch nicht danken
für diese Jahre, diese Erinnerungen.
Zu sehr brennt der Schmerz in mir.
Aber vielleicht werde ich es einmal können.

Und ich hoffe darauf,
daß ich eines Tages, in früherer oder späterer Zukunft,
›Ja‹ sagen kann – auch zu dieser Erfahrung des Todes.
All meine Zeit ist ja Geschenk aus deinen Händen.
Ich bestimme nicht über sie,
so wenig dieser geliebte Mensch über sie bestimmen konnte.

Gott, ich verstehe dich nicht.
Aber ich will trotz allem, trotz aller Unbegreiflichkeit,
nicht stehenbleiben in der Trauer.
Ich will meinen Weg weitergehen,
weitergehen im Bewußtsein,
getragen zu sein, gestärkt zu sein
von dir – auch und gerade durch die Erfahrungen,
die du mir mit diesem Menschen geschenkt hast.
Ich will auf dich zugehen und darauf hoffen,
daß deine Antwort nicht ausbleiben wird.

Gebet *Sigrid Lunde*

Lebendiger Gott und Vater,
jeder, der geht, belehrt uns ein wenig auch über uns selber. Dieser Belehrung des Todes standzuhalten ist oft schwer.
Aber sie ist offenbar notwendig, um Raum zu schaffen für eine Entgrenzung unseres Lebens – notwendig, daß Vergänglichkeit und Ewigkeit zusammenfinden.
Wir wollen in dieser Stunde Gott bitten, daß er das Leben von N. N. – so, wie es war – annehmen und gelten lassen möchte als den tapferen Versuch, in der Zeit, die ihr gegeben war und mit den Gaben, dir ihre verliehen waren, das ihr Mögliche zu tun. Unser aller Leben, das von weither kommt und in einer Unendlichkeit von Ewigkeit sich unseren Augen wieder entzieht, bleibt Bruchstück, bleibt hinfällig, angewiesen auf den Bund des Friedens, der nicht fallen soll. Es bleiben uns hier am Sarge von N. N. die Erinnerungen an die Mutter so vieler Jahre, an die Schwiegermutter, Großmutter, Nachbarin, Mitbewohnerin des Altenheims. Es bleibt die Erinnerung an Worte, die nun deutlicher zu uns reden.
Und es bleiben die kleinen tröstenden Gesten eines neuen Zusammenhaltens in der Familie. Es bleibt so viel, daß auch wir »danke« sagen in aller Betroffenheit und Traurigkeit. Amen.

Gebet   *Wolfgang Lipp*

Gelobt seist du, unser Gott und Bruder Jesus Christus, der du den Tod überwunden hast.
    Wir bitten dich für den Verstorbenen,
    daß dein Licht ihn umstrahle,
    daß deine Fülle ihn vollende,
    daß dein Erbarmen ihn umfange,
    daß ihm geschehe, wie er geglaubt hat.

Gelobt seist du, unser Gott und Bruder Jesus Christus, der du den glimmenden Docht nicht auslöschest und das zerstoßene Rohr nicht zerbrichst.
    Wir bitten dich für alle, die durch diesen Tod einsamer geworden sind und verlassen. Tröste du sie und gibt ihnen neuen Lebensmut. Laß uns wachsen in der Gemeinschaft untereinander und mit dir.

Gelobt seist du, unser Gott und Bruder Jesus Christus, der du der Weg bist, die Auferstehung und das Leben.
    Wir bitten dich für den, den du als Nächsten von uns vor dein Angesicht rufst. Steh ihm im Sterben bei und nimm ihn endlich in Ehren an. Und für uns alle, die wir noch unterwegs sind: Zeig uns den Weg und zeig uns das Ziel, daß wir bei dir ankommen.

Gelobt seist du, unser Gott und Bruder Jesus Christus, der du uns das Beten gelehrt hast. Zu dir beten wir gemeinsam:

Vaterunser ...

Gebet   *Hans Jürgen Milchner*

Herr, uns wird dieser Abschied heute zugemutet,
in Liebe und Trauer
und in Dank für dieses Leben wollen wir das annehmen.
Wir hängen an dem verzweifelten Wunsch,
daß es nicht so geschehen wäre,
es bleibt aber sinnlos.
Gott, auch wenn du uns vielleicht fremd geworden bist,
hilf uns, dieser Trauer und die Trennung zu tragen,
nimm unsere Klagen an und hilf uns auf in der Trauer.
Wir schließen die mit ein,
die ihr schon im Tode vorausgegangen sind:
der Vater und die Schwester
und alle die, die zur Familie gehören.
Wir vertrauen sie deinen bleibenden Gegenwart an.

Wir wollen bedenken,
was N. N. für uns bedeutet hat,
wofür wir zu danken
und was wir für unser Leben zu bewahren haben,
auch das, was wir zu vergeben haben,
was wir versäumten und was wir ihr schuldig geblieben sind.
Guter Gott,
hilf uns in Jesus Christus deiner Liebe treu zu sein,
eine Liebe,
die Brücken schlägt zwischen denen,
die kommen und denen die gehen.
Behüte uns in diesen Tagen der Trauer
und schenke uns die heilsame Kraft,
die uns aufhelfen kann.
Herr, zu wem sollten wir gehen,
als zu dir allein,
denn du hast Worte ewigen Lebens.
Das ist gewißlich wahr.

Gebet *Heinz Rußmann*

Ewiger Gott, Du hast Macht über Leben und Tod, Du bist der Herrscher über die sichtbare und unsichtbare Welt, Schöpfer von Materie und Energie, Schöpfer der Naturgesetze und des Geistes!
Du gibst uns das Leben. Zu einem Zeitpunkt, den wir nicht selbst bestimmt haben, mit Umständen, die wir nicht ausgesucht haben und mit einem Wachstumsprogramm, das Du uns auferlegt hast, gibst Du uns Zeit zu leben. Dann aber nimmst Du uns das Leben und führst uns durch die Tür des Todes hinauf zu Dir.
Du allein bist unveränderlich und unwandelbar. Aber uns, Deine Geschöpfe, veränderst und verwandelst Du Tag für Tag in kleinen Schritten und gibst uns am Ende eine bleibende Gestalt bei Dir.
Vor Dir gedenken wir unserer Verstorbenen. Du kennst ihn mit Gesicht und Namen und hast sein Leben auch in schweren Tagen behütet.
Wir danken Dir für seine ganze Persönlichkeit: Wir danken Dir für alle Herzlichkeit, Liebe, Fürsorge und Freundschaft, die unser Verstorbener in seinem Leben verschenkt hat.
Wir danken Dir auch für alle Herzlichkeit und Liebe, Fürsorge und Freundschaft, die unser Verstorbener von uns und anderen bekommen hat.
Heile die Trauer derer, die um ihn Leid tragen mit Deinem Trost. Gib, daß der Gedanke an den eigenen Tod uns nicht Angst macht, sondern nur dazu bringt, jeden Tag dankbar und intensiv zu leben und danach zu fragen, wie

wir Dir dienen und anderen Menschen und uns eine Freude machen
können.
Herr, am Ende unseres Lebensweges fallen wir nicht in das dunkle Loch des
Todes, sondern Du, der ewige Schöpfer und gütige Vater, wartest auf jeden
von uns!
(nach einem Gebet des Bischofs Serapion, 4. Jh.)

Gebet *Arno Schmitt*

Herr, mein Gott. Ich habe sie kennengelernt:
die Freude, das Glück des wortlosen Verstehens,
die Nähe, das Einssein, die Fülle.
Du hast es gut mit mir gemeint!

Und doch weiß ich, erlebe es:
Ich kann das alles nicht haben ohne das andere,
das Verlieren, das Alleinsein, die Fremde,
die Angst mich auszuschütteln!

Und mühsam beginne ich zu begreifen:
Das erst heißt lieben –
Einlaß zu gewähren beidem,
dem Beglückenden und dem Erschreckenden,
dem Anfangen und dem Zuendegehen,
dem Licht und dem Schatten.
Eine andere Liebe
ist nicht auf dieser Erde!

Vor diesem Geheimnis, Gott, beuge ich mich
und nehme es aus deiner Hand
und danke dir
und habe tausend Fragen
und weiß: Sie werden Fragen bleiben.
Nimm mich, Barmherziger, an deine Hand
und übe mit mir ... und übe vor allem die Geduld mit mir! Amen.

Gib uns Halt *Heinz-Dieter Knigge*

Herr,
Du bist unser Gott
im Leben und im Sterben.
Du rufst uns ins Dasein
und Du rufst uns zum Tod.

Herr, wir bitten Dich:
Laß uns nicht verzweifeln
in unserer Traurigkeit und Trauer.
Gib uns den Halt der Hoffnung,
den Dein Wort uns zusagt.

Herr,
überwinde durch dein Wort
unsere Angst vor dem Leben
und die Angst vor dem Sterben.
Laß Dein Licht uns leuchten,
damit die Finsternis des Todes
uns nicht erschrickt. Amen.

Mit schwerem Herzen stehen wir vor dir *Wolfgang Alexander Kratz*

Herr, unser Gott, du Lenker der Welt,
wir verstehen deine Gedanken nicht. Mit schwerem Herzen stehen wir hier vor dir. Du weißt es, du kennst unser Herz.
Der Weg ist hart, den du uns führst. Wir sind bestürzt und traurig, daß das Lebenslicht unseres Kindes so schnell wieder verloschen ist.
Gib uns in dieser schweren Zeit die Zuversicht, daß nichts ohne deinen Willen geschieht. Laß uns nicht bitter werden über deinen Willen, den wir nicht begreifen können.
Laß uns glauben, daß deine Wege höher sind als unsere Wege. Gib uns das Vertrauen in deine Wege und hilf uns, sie weiterzugehen. Du hast uns versprochen, daß niemand auf deinem Weg verloren gehen kann.
Wir legen das Leben unseres Kindes in deine Hände zurück. In deiner Hand ist N. N. geborgen. Laß uns daraus Trost und Kraft schöpfen für den Weg, der vor uns liegt. Schenke uns das feste Vertrauen, daß du bei unserem Kind bist, daß du auch bei uns bist und bleibst, in allem Schmerz, in aller Not und Traurigkeit.
Nimm uns alle mit auf deinen Weg, der mit Jesus Christus durch den Tod in deine Herrlichkeit führt. Amen.

Hilf uns, Vertrauen zu haben *Berthold W. Haerter*

Gott, wir müssen einen uns vertrauten Menschen hingeben.
Gott, wir verstehen nicht, daß Du X heimgerufen hast.
Hilf uns, die Trennung zu ertragen.
Nimm unser Klagen an und steh uns bei.

Wir wollen bedenken, was X für unser Leben bedeutet hat:
Wofür wir zu danken und was wir für unser Leben zu bewahren haben, aber
auch, was wir zu verstehen und vergeben haben,
was wir versäumt und schuldig geblieben sind.
Lieber Gott, hilf uns deiner Liebe treu zu sein und Vertrauen zu dir zu haben.
Dir gehört diese Welt und die Welt, in der wir den Verstorbenen wissen.
Du bist der, der die Brücke schlägt zwischen denen, die kommen und
denen, die gehen.
Bewahre uns im Glauben an Dich, der Du Anfang und Ende unseres
Lebens setzt.
Gott, behüte uns heute und in allen Tagen, die kommen.
Segne Du unseren Ausgang und unseren Eingang, heute und in allen
Zeiten.

Beim Tod eines Säuglings *Kurt-Eugen Melchior*

Gott, du willst das Leben. Du hast die Kinder den Erwachsenen zum Vorbild hingestellt. Du hast Sie auf deine Arme genommen, gesegnet und gesagt: ›Ihr gehört zu mir‹.
Gott, du willst das Leben und nicht den Tod. Deshalb stehen wir heute fassungslos vor der Tatsache, da N.N. nicht mehr lebt. Wir haben uns auf sie gefreut und mit ihrem Tod ist die Freude aus unserem Leben ausgezogen.
Bitte, nimm uns so liebevoll in deine Arme, wie du es mit den Kindern gemacht hast, segne uns und gib uns Kraft, den Tod von N. N. anzunehmen und neuen Lebensmut zu schöpfen, damit wir nicht dem Leben absterben, sondern wagen, neues Leben in uns wachsen zu lassen.
Dies bitten wir dich, durch Jesus Christus deinen lieben Sohn, unseren Freund, der mit dir und dem Heiligen Geist lebt und regiert von Ewigkeit zu Ewigkeit. Amen.

Gebet bei der Beerdigung eines Kindes *Bernhard von Issendorff*

Manchmal denken wir:
Hättest du, Gott, doch in unseren Herzen
nicht die Flammen der Hoffnung entzündet,
wir würden weniger Enttäuschungen kosten.
Manchmal denken wir:
Hättest du, Gott, doch unsere Augen
nicht die Menschliche Gestalt der Liebe gezeigt,
wir wären weniger verletzt.
Manchmal denken wir:

Hättest du, Gott, doch unsere Ohren
nicht gefüllt mit dem Herzschlag des Lebens,
wir hätten den Tod nicht sehen müssen.
Doch, Herr, wir danken dir
für jede Minute der Hoffnung, der Liebe, des Lebens:
Sie haben uns verändert, das kann uns nicht genommen werden.

Beim Tod der Mutter *Bernhard von Issendorff*

Wenn eine Mutter stirbt,
ist es, als verlören wir den Boden unter den Füßen,
als seien wir unserer lebensgebenden Wurzeln beraubt.
Wenn unsere Mutter stirbt,
sind wir der letzten Fluchtmöglichkeit beraubt,
es sei denn, Du tust Deine Arme auf, Ewiger.

Aus ihrem Schutz sind wir gekommen,
ihr Herzschlag war der Rhythmus unserer Sicherheit.
An ihrer Hand haben wir die ersten Schritte getan.
Sie tröstete uns, wenn wir fielen.

Sie hat uns Mut gemacht zum Leben,
ihr Segen hat uns geleitet in die Welt.
Sie hat für unsere Zukunft gebetet
und gerungen mit Dir, Gott, um unsretwillen.

Sie hat uns die Welt und die Zeit geschenkt,
sie hat uns zur Freiheit bereitet,
und, wenn wir dereinst alles vergessen,
es wird uns das Gebet einfallen, das sie für uns sprach.

Wenn eine Mutter stirbt,
ist es, als verlöre der Himmel die Farbe
und die Luft ihren belebenden Duft.
Wenn unsere Mutter stirbt,
möchtest Du, Heiliger Ewiger, daß wir fortsetzen
das Werk, von dem wir dankbar nahmen.

Bei Kindern und jungen Menschen *Kurt Dohm*

Lieber Vater im Himmel,
wir verstehen nicht,
warum dieses Kind wieder von uns gehen mußte.
Unsere Traurigkeit läßt uns keinen Sinn erkennen.

Aber wir wollen dir doch danken,
daß du uns dieses Kind geschenkt hast,
daß wir es bei uns haben durften.
Für jeden Tag, für jede Stunde,
die wir mit ... teilen konnten,
danken wir dir.

Für das Glück mit ihm/ihr,
für sein/ihr Lachen,
für alle Hoffnungen,
die wir auf ... gesetzt haben,
für alle Liebe,
die wir ihm/ihr schenken durften
danken wir.

Wenn auch sein/ihr kurzes Leben zu kurz war,
viel zu kurz für uns,
so beginnen wir doch gerade jetzt,
den Reichtum darin zu begreifen.
Wir bitten dich,
daß uns dies alles erhalten bleibe,
daß von seinem/ihrem kurzen Leben
uns nichts verloren gehe.

Und wir bitten auch für ...
daß er/sie selber nun ganz bei dir sei,
ganz geborgen in deiner Nähe und Liebe,
ewig glücklich und selig.

Uns aber laß Frieden finden
und zur Ruhe kommen.
Wir bitten dich um die Kraft,
unser Leben neu zu beginnen.
Mach uns fähig zur Liebe.
Laß uns auf deine Hilfe vertrauen. Amen.

Bei Mord, Suizid und ähnlichen Fällen *Kurt Dohm*

Lieber Vater im Himmel!
Wir verstehen nicht,
warum dieser Mensch von uns gehen mußte.
Wir können seinen Tod nicht begreifen
und wir können nicht glauben,
daß dies dein Wille ist.

Aber in aller Trauer und Bestürzung
können wir doch auch nicht anders
als dir für das Leben dieses Menschen zu danken,
dafür, daß wir ihn bei uns haben durften.

Wir danken dir für jeden Tag, für jede Stunde,
die wir mit ihm teilen konnten.

Und für seine Freundschaft danken wir,
für sein Lachen und seinen Lebensmut,
für das Glück mit ihm,
für alle gemeinsamen Hoffnungen.
auch für die gemeinsamen Sorgen.
Dies alles möge uns erhalten bleiben,
nichts von seinem Leben möge uns verloren gehen,
darum bitten wir dich.

Auch daß er selber nun ganz bei dir sei,
ganz geborgen in deiner Nähe,
daß er dort, in deinem Reich
das Leben in Fülle haben,
ewig glücklich sein,
und ewig Frieden habe,
fern aller Gewalt und allem Bösen.

Und für uns selber bitten wir,
daß auch wir Frieden finden,
daß wir wieder zur Ruhe kommen,
daß wir unser Leben ohne Haß leben können,
und ohne Verbitterung,
daß wir wieder mutiger werden,
und daß die frohen Tage wiederkehren.

Laß uns auf deine Hilfe vertrauen
und darauf, daß deine Liebe stärker ist
als alle Gewalt und als der Tod.
Amen.

Aussegnung

Christian Kollath

N.N.
Es segne und behüte dich der Dreieinige Gott.
Es segne und behüte dich Gott, der Vater, der dich erschaffen und ins Leben gerufen hat.
Es segne und behüte dich Gott, der Sohn, der dir vorausgegangen ist, und dich begleitet hat.
Es segne und behüte dich Gott, der Heilige Geist, der dich berufen hat und dir aus der Ewigkeit entgegenkommt.
Amen.

Entlassung

Eckhard Herrmann

Entlassung der Gemeinde, wenn es der Wunsch der Hinterbliebenen ist, nach der Trauerfeier in der Kirche allein, d.h. im Familienkreis zur Beerdigung zu gehen.

Liebe Trauergemeinde,

Sie sind zu diesem Gottesdienst gekommen
und haben damit Ihre Betroffenheit
und Ihre Anteilnahme
an der Trauer der Hinterbliebenen gezeigt.

Für die Angehörigen eines Verstorbenen
ist es immer ein Trost,
zu wissen,
daß sie in der schweren Stunde des Abschieds nicht allein sind.

Zum letzten Mal Abschied nehmen
von einem Menschen, der einem sehr vertraut war,
ist eine sehr persönliche Sache.

Deswegen, liebe Trauergemeinde,
wollen wir Herrn/Frau N.N.
auch (nur) im Kreise seiner nächsten Angehörigen beerdigen.

Ich bitte Sie,
diesen Wunsch der Hinterbliebenen zu respektieren.

Ich denke,
daß jeder und jedem von uns,
die wir heute diesen Gottesdienst gefeiert haben,
in den nächsten Tagen, Wochen und Monaten
noch genügend Zeit und Gelegenheit bleibt,
der Familie des/der Verstorbenen
in ihrer Trauer beizustehen.

Ulrich Tietze

Und nun geht hin,
geht in eure Häuser im Bewußtsein,
daß alle Zeit Geschenk Gottes ist,
ein Geschenk, über das wir nicht verfügen,
das wir nur staunend und dankbar annehmen können.

Bleibt nicht stehen bei den Gedanken des Todes,
nehmt für euch und für andere wahr,
daß der Gott,
in dessen Namen wir uns versammeln,
ein Gott der Lebenden ist.

Dieser Gott schenke euch Dankbarkeit
für alle Erfahrungen mit dem/der Verstorbenen,
schenke euch Nähe untereinander,
schenke euch den Mut, Schritte nach vorn zu wagen,
weiter ins Leben hinein. Amen.

Nichts kann uns scheiden von der Liebe Gottes.
Nehmt diese Gewißheit mit auf euren Weg,
wenn ihr fortgeht von diesem Grab.
Wann immer Gottes letzter Ruf euch erreichen wird:
es wird ein Ruf der Liebe sein.

Und so segne und behüte uns
der Gott der Liebe und des Friedens –
heute und an allen Tagen unseres Lebens. Amen.

Wenn wir nun wieder auseinandergehen,
noch geprägt vom Schmerz um die/den Verstorbene/n,
laßt uns doch Schritte der Hoffnung tun.

Gottes Licht sei um uns in der Dunkelheit,
seine Wärme sei in uns, wenn wir frieren,
seine Nähe schütze uns, wenn wir uns allein fühlen.
Wohin auch immer unser Weg führen mag
und wann auch immer er zu Ende geht:
kein Schritt wird getan auf dieser Erde,
den Gott nicht mit seiner Liebe begleitet. Amen.

Hans Jürgen Milchner

Der Segen des lebendigen Gottes
behüte und bewahre uns,
er schenke uns wahres und ewiges Leben
durch die Kraft seines Geistes
in Jesus Christus.

So segne und und behüte uns
der allmächtige Gott und Vater,
der Sohn und der Heilige Geist.

Friede sei mit uns
heute und in alle Ewigkeit.

Amen.

Die Autorinnen und Autoren

Pfarrer Heinz Behrends, Göttingen; Pfarrer Hans-Hermann Blettgen, Essen; Pfarrer Wolfram Braselmann, Rehburg-Loccum; Pfarrer Gottfried Brezger, Berlin; Pfarrer Stefan Claaß, Mainz; Professor Dr. Karl-Fritz Daiber, Marburg; Pfarrer Kurt Dohm, Bremen; Pfarrer Klaus Eulenberger, Hamburg; Pfarrer Volker Johannes Fey, Osthofen; Pfarrer Johannes Gerrit Funke, Dortmund; Pfarrer Dr. Wolfgang Gerlach, Essen; Pfarrer Bernd Giehl, Wiesbaden; Pfarrer Peter Godzik, Schleswig; Pfarrer Hansjörg Haag, Wächtersbach; Pfarrer Berthold W. Haerter, CH Unterstammheim; Pfarrerin Ulrike Heimann, Düsseldorf; Pfarrer Eckhard Herrmann, Würzburg; Pfarrer Dr. Wolfgang Herrmann, Holzappel; Studienleiter Bernhard von Issendorff, Wiesbaden; Pfarrer Dr. Klaus Johanning, Schwerte; Pfarrer Günter Kaltschnee, Lahntal; Pfarrer Hannes Dietrich Kastner, Worms; Pfarrerin Ingrid Keßler-Woertel, Moormerland-Veenhusen; Pfarrer Jürg Kleemann, Florenz; Pfarrer Heinz-Dieter Knigge, Göttingen; Pfarrer Detlev Knoche, Gießen; Pfarrer Wolfhart Koeppen, Ortenburg; Pfarrer Christian Kollath, Glinde; Pfarrer Wolfgang Alexander Kratz, Schwalmtal; Pfarrerin Carola Krieg, Hofheim / Taunus; Pfarrer Martin Kriener, Haßmersheim-Neckarmühlbach; Pfarrer Dr. Wolfgang Lipp, Ulm; Pfarrerin Sigrid Lunde, Bad Kreuznach; Pfarrer Helmut Marschall, Dorum; Pfarrer Kurt-Eugen Melchior, Wuppertal; Pfarrer Klaus von Mering, Langeoog; Pfarrer Hans Jürgen Milchner, Hunteburg; Pfarrer Frank Niemann, Lehrte-Arpke; Pfarrer Lutz Petersen, Rheinfelden; Pfarrerin Claudia Rudolff, Felsberg; Pfarrer Heinz Rußmann, Lübeck; Pfarrer Dr. Traugott Schächtele, Ettlingen-Bruchhausen; Pfarrer Arno Schmitt, Mannheim; Pfarrer Dieter Schupp, Kaiserslautern, Pfarrer Helmut Siegel, Hildesheim; Pfarrerin Micaela Strunk-Rohrbeck, Rahden; Pfarrer Ulrich Tietze, Lüneburg; Pfarrer Samuel Wendel-Widmer, CH Rothrist; Pfarrer Andreas Zeuschner, Berlin; Dekan i. R. Klaus Zillessen, Ettenheim; Pfarrerin Elsbeth Zuleck, Ludwigsburg